सुमन संचायिका

शिव शंकर दुबे

क्रम-सूची

प्रस्तावना — vii

1. अमन — 1
2. दिया तो जला लो — 2
3. जीवन — 3
4. परिवेश — 5
5. सर्वजन हिताय — 6
6. समदर्शिता — 8
7. पाठशाला — 11
8. माॅं — 13
9. स्वदेश — 14
10. रिमझिम रिमझिम — 15
11. खुशियाँ अपरम्पार — 18
12. राम लाल — 20
13. प्रकृति परायण — 23
14. महानता में महान — 27
15. स्वदेश प्रेम — 31
16. एक सवाल — 33
17. सुनो सुनो सुनो — 35
18. कद — 39
19. इज़हार — 40
20. जन्नत की राह — 42
21. दर्द दहेज़ का — 45

क्रम-सूची

22. कैसे बना मज़हब — 65

23. सरकार — 66

24. आदमी — 72

25. प्रेम प्रवाह — 75

26. नीति विचार — 78

27. चॉंदनी — 84

28. जन सेवक — 86

29. मनी आर्डर — 89

30. जीवन दर्शन — 90

31. स्वदेश हित — 92

32. ऐसा भी होता है — 95

33. दीपावली — 97

34. लक्ष्मी पूजन — 99

35. वतन — 103

36. पराई नहीं घर लाई गई हूँ — 105

37. सहचर — 108

38. राहें — 110

39. भारत भूमि — 111

40. स्वप्निल — 113

41. बाबुल दिवस — 116

42. देव संस्कृति — 118

43. विश्व बंधुत्व — 120

क्रम-सूची

44. ऐसा लगा — 121

45. बिकता है — 122

46. सनातन संस्कृति — 124

47. सर तन से जुदा — 126

48. चलते चलते — 129

49. परख ज़िंदगी की — 131

50. सहज सुख — 132

51. मेरी कामना — 134

52. साथ — 135

53. उद्बोधन — 139

54. सम्बन्ध — 141

55. मेहमान — 143

56. पराधीनता में स्वाधीनता के कदम — 146

57. प्यार परिधि — 154

58. जवानी — 155

59. उच्छावास — 157

60. सपने — 159

61. सनातन — 161

62. दीपोत्सव — 164

63. घटित — 167

64. पहली रात — 170

65. संयोग — 173

क्रम-सूची

66. मानव मन — 174

67. शैशव — 178

68. जन सेवक — 181

69. सन्देश — 185

70. विविधता — 187

71. मधुवन प्रवाह — 190

72. संगति — 193

73. प्रेमान्तराल — 197

74. विकल्प — 200

75. चलो चमन की ओर — 203

प्रस्तावना

प्राकृतिक सामाजिक, ऐतिहासिक और राजनैतिक संगति, विसंगतियों के बीच कुछ बिखरे मनोभावो के कण संजोये और पदबद्ध किये है। इस पुस्तक के माध्यम से उन मनोभावो को पाठको के सम्मुख प्रस्तुत करने मेरा यह लघु प्रयास है।

आशा है आप विज्ञ जनो का स्नेह प्राप्त होगा। इसके प्रकाशन की प्रेरणा **श्री राजेश मिश्रा** से मिली । इसकी प्रस्तुती के संयोजन और प्रकाशन मे **श्री राजेश मिश्रा** और **श्रीमती श्वेता मिश्रा** का विशेष सहयोग रहा है।

उनका विशेष आभार

शंकर सरल

ग्रुप कैप्टन शिवशंकर दुबे (वेटरन)

1. अमन

नवयुग नया विहान समर्पित
                हो जीवन का ध्येय
ज्ञान प्रज्ज्वलित हो मन-प्रांगण
                मिटे द्वेश परिवेश
आगे आवो कदम बढ़ावो
                चढ़ उत्तुंग शिखर पर
जन वांछित फल पवन हेतु
                करो प्रयत्न परस्पर

क्लेश मिटावो हर्ष बढ़ावो
                भ्रम महिमा हो भाषित
सब हिताय हो सब सुखाय हो
                ध्येय जीवन सम्पादित
तोड़ बंदिशो की सब बेड़िया
                आगे कदम बढ़ावो
नही रुको और नही झुको तुम
                साथी नियम निभावो
नव उद्‌घोष संक्रमित जन मन
                कलह-कलुष विस्थपित
खण्डन-मण्डन जैसा भी हो
                करो अमन स्थापित

2. दिया तो जला लो

गहन है अंधेरा, दिया तो जला लो
      समय रहते अपनी डगर तो बचा लो
यत्नो न हो बाधित विकट स्थितियो से
      अटल मन समर्पित रहे मंजिलो से
कही संग मिलता नही गर किसी का
      अकेले डगर पर पाँखे बिछालो
न डिगो तुम, सहारे बिना बढ़ते जावो
      मिले लक्ष्य तो ही उलट पाँव आवो
समय संग खेला जो कोई यहाँ पर
      समय उसको खेला दिखायी जमी पर
यहाँ बात अपनी निराली नही है
      नही है यहाँ की समा भी निराली
जहाँ पाव रक्खे पड़े चिन्ह उस पर
      समय चक्र उसको मिटा भी न पाए
उगर पर मिला कोई साथी कही तो
      लगावो गले साथ सम्बल मिलालो
लगी छाप जिस पर समय डंक की हो
      उसे फिर कहाँ राह उज्जवल मिलेगी
मगर ध्येय कहर रहा जो फलक मे
      तो समय डंक का भी न चलती बनेगी
करो माल उन्नत डगर को बचालो
      गहन है अँधेरा दिया तो जला लो

3. जीवन

तपती धरती आकुल मन था
वन प्राणी आकुल दर्शा
रिम-झिम रिमझिम आयी वर्षा
मेरा मन कितना हर्षा
चिन्तित बोझिल मन प्रागण पर
पड़ा हुआ था जो पर्दा
बारिस बूँदो से सन वन कर
खसक मन का पर्दा
पत्ते मोती उगल रहे थे
रही हवा दिल थामकर
धरती से सुगन्ध उठती थी
तपन की प्यास बुझाकर
मैं दौड़ा आनन्द विभोर हो
लेने बूँदो के मोती
जिनकी लड़िया पौढ़ रही थी
पौधो वृक्षों को छूती
मोती तो फिर हाथ न आए
बिखर गये जल प्लावन में
पर छप छन की मधुर बोल में
मिश्री घोल दिया मन में
ऊपर श्याम घटा घट आयी
थमने लगी बूँद लड़िया

मेरे मन की थिरकन फिर भी
          नहीं घटी घंटो घड़िया
रिम झिम वर्षा फिर तुम आवो
          जीवन की तुम स्त्रोत हो
मानव मन संतप्त कुटिल है
          तुम ही तो उद्घोष हो
बार -बार तुम आती रहना
          छप छन गीत सुनाने को
वर्षा हर्षा साथ साथ है
          नही विलग हो जाने को

4. परिवेश

अकेले अकेले कहाँ जा रहे हो
ना संगत ना पंगत कहाँ जा रहे हो
वीराने में क्या कुछ मिलेगा जो इन्गित
निराशा हताशा विधानों से दंसित
अतः राह छोड़ो अकेले रमन की
चलो संग लेलो स्वजन संत जन की
बहुत खार है, राह दुस्वार है
बनाना स्वजन संग परिवार है
जहाँ उन्नत है ध्येय सब जन हिताय की
कहीं न कोई विद्वेश जन-मान की
हो रहित क्लेश जीवन स्वजन जान की
न हो बाधता कोई कलुष काम की
न प्रेरित रहे मन रागद्वेश से
न होवे कभी कुछ अतिरेक कभी
चले राह उन्नत सफल मार्ग पर
हो कितना भी दुस्कर परिवेश भी

5. सर्वजन हिताय

आवो साथ चलें
अगन मगर की डगर छोड़ दो
जन हित रश्मि खिले
जाति धरम का भेद मिटा दो
मानव मार्ग फले।
जन-मानस आन्दोलित करदो
मातृ भाव सरसे
सेवा भाव विलुप्त न होवे
कर्मठता पनपे।
कलुष-कलह के भेद मिटा दो
रहम करम बरसे
यह धरती या देवलोक हो
कहीं न मन भटके।
वसुधा धान्य स्वर्ग की जननी
बाँटो नही विलग हो
सबका सुख सबकी खुशहाली
में ही मन रमता हो।
कहीं न कोई कंटक होवे
कही न कोई बाधा
प्रेरित हो इश्वरीय वृत्ति से
राग प्रवाहित समिधा।

शिव शंकर दुबे

इसी भाव से मन उद्वेलित
कर घर करम करे
अगर मगर की डगर छोड़कर
आवो साथ चले।

6. समदर्शिता

तन चन्दन है मन बन्दन है

      सम्बन्धों का शुभ बन्धन है

आचार संहिता सम्पादित

      अनुराग भरा हृदंयगम है

है आलोड़ित मन लहर लहर

      संकर का ना हो कही कहर

साथी का संग अपरमित है

      जीवन सुख दुख में सीमित है

अमृत प्रवाह है मिलन योग

      दहता दुखता संकर वियोग

हर पहल बंधी सम्बन्धों से

      सामाजिक सच अनुबन्धो से

सम्बन्ध स्तर है विलग विलग

      नित नए विकल्पों से न अलग

अनजान डगर पर यदि चलते

      सम्भव है नूतन पथ मिलते

कर त्याग परिस्थिति पहले की

      चुनते कुछ नया बहाने की

हम उन्नति उन्नति में है रंगे

रग रग में मशीनो से है पगे
                सब सहज सहज निस्पादित है
लगता जीवन सुख संचित है
                फिर कलह बलय क्यो देशो की
सम्बन्धो रूद्ध स्वदेशों की
                हम सबकी एक डगर ना है
पर अन्तराल सबका सच है
                सब भूल जरूरत एकहि है
ना भिन्न छुधा सबकी गति है
                अपनी सीमा निर्धारित कर
स्वयमेय सफल निस्पादित कर
                बढ़ विश्व पटल पर समदर्शित
कर दे जन जीवन मन हर्षित
                कोई ना कही पराया हो
ना सीमा बाधित काया हो
                हर ठौर सभी की ठौर बने
हृदयांगम में अनुराग भरे
                तन चन्दन हो मन बन्दन हो
ना अपना हो न पराया हो

ना दुख दर्दो की साया हो
        सदभाव जनित प्रेरित मन हो
विघटन ना हो सम्बर्धन हो
        आकर्षण ना हो विकर्षण हो
सदभाव जनित समदर्शी हो।

7. पाठशाला

आवो बच्चो खेले कूदे
      मगन गगन को छूले
हर पल मन में हर्षभाव से
      दुःख दुर्दिन को भूलें।
सुरभित पवन निसर्गित होती
      शाला पुष्पित प्रागण से
हम प्रसन्न है यहाँ समूहित
      क्रीड़ा कला निभाने से
अंग अंग को हिला डुलाकर
      स्वास्थ्य जनित सुख पाने से
उपवन की ये छटा निराली
      महिमा मण्डित फूलो से
प्रकृति यहाँ आराध्य देव है
      सुक पिक गान सरसने से
कोयल कूक कपोत गुटरगूँ
      मैना बोल सुहाने है

कौवे की कॉ कॉ सुनकर
            बालक हुवे दिवाने है
थिकरन फुदकन किए निरन्तर
            शिथित्व हुवे तन बाने है
क्या ही मनहर छटा बनी है
            संयोजित कर सपने
आवो मिलकर सरल भाव से
            क्रीड़ा रत गुण अपने
हर पल मन में हर्ष भाव से
            दुःख दुर्दिन को भूले
आवो बच्चो खेले कूदे
            मगन गगन को छूले

8. मॉं

सब देवो की देव है जननी

करनी भरनी मॉं से है

देश धरम पर मिटने वालों

दीवानों की मां तो है

कभी थप थपी कभी बलाई

मॉं की ममता निश्रित है

मॉं से है एहसास प्यार का

है वात्सल्य प्रवाहित भी

मां के स्वर्णिम चरण धूल से

महिमा मण्डित सुत सर भी

कैसे कोई कह सकता है

मां से अलग हुआ सपना

मां ही धरती मां ही अम्बर

मां से ही है जग अपना

मां से मेरी डोर बॅंधी है

मां मेरी सर्वोपरि है

मां का पूजन मां का वन्दन

मां मेरी पैगम्बर है।

9. स्वदेश

साथी पाती पढ़ नहीं पाया ,पाया ना सवसंग

विलग हुआ तब नहीं पता था कैसा मिला कुरंग

बड़ी दौड़ थी बड़ा विजन था बड़े देश का भेस

पर उसको मालूम नहीं था

देश नहीं परदेश

चमक दमक की चकाचौंध में

परख सका न स्वयं को

धन आलोड़ित ही कारणों में खपा दिया निज मन को

जब मन बदला निज स्वदेश हित कुछ सास्वत करने को

तन बाधित था मन खण्डित था सफल कदम धरने को

समय गया था गुजर भाव हित नेह देश का पनपा

मन में एक विश्वास भर गया कुछ भी कर सकने का

आयी याद न पढ़ सकने की पाती देश हितो की

चिन्तित अवसादी मन बाधित निज स्वारथ कृत्यों की

फिर भी मन उद्वेलित अब था पाती के उन भावो से

जिनके चलते मैं न पलटा फिर विदेश की छावों में

10. रिमझिम रिमझिम

बादल आये बारिश लाये
रिमझिम रिमझिम रिमझिम
धरती प्यास बुझाने आए
रिमझिम रिमझिम रिमझिम
पौधों की ख़ुशहाली लाये
रिमझिम रिमझिम रिमझिम
पत्तों में हरियाली लाये
रिमझिम रिमझिम रिमझिम
गायी विगत खुशियाँ बगराये
रिमझिम रिमझिम रिमझिम
खेतों में अब बिरुआ जागे
रिमझिम रिमझिम रिमझिम
कृषि किसान धन धान्य बढ़ाये
रिमझिम रिमझिम रिमझिम
हरित वादियां हरित भावना
रिमझिम रिमझिम रिमझिम
आवो चालो साथ मिल गायें

जीवन गान खिले मुख
भाई चारा खूब बढ़ेगा
पुष्पित होगा सब जन सुख
कहीं हुआ जल प्लावन बादल
कहीं हुआ जन सम्बल फिर भी
बादल आये बारिश लाये
रिमझिम रिमझिम रिमझिम
जीवन की खुशियाँ भर लाये
रिमझिम रिमझिम रिमझिम
खुशियों का उपकरण है बादल
रिमझिम रिमझिम रिमझिम
जल ही जीवन जल ही सम्बल
जल जीवन की आशा
जल न हो तो जीवन विघटन
जीवन व्याप्त निराशा
जन जीवन सम्बरण है बादल
हर प्राणी की आशा

शिव शंकर दुबे

बादल आये बारिश से लाये
रिमझिम रिमझिम रिमझिम
धरती प्यास बुझाने आये
रिमझिम रिमझिम रिमझिम

11. खुशियाँ अपरम्पार

कुत्ता मेरा यार है

बिल्ली मेरा प्यार है

बन्दर के संग खेलेंगे

भालू संग हम नाचेंगे

चिड़ियों के संग चहक चहक कर

फुदक फुदक उड़ जायेंगे

खुशियों खूब मनायेंगे ।

जब आयेगी तितली रानी

फूलों का रस पीने को

भौंरा भी तब गुन गुन करके

आया गान सुनाने को

ठौर ठौर पर बाग कुटी में

तितली के संग दौड़ेंगे

हर पल हर क्षण तितली पकड़न

गुपचुप कदम बढ़ायेंगे

पर तितली को पकड़ की कोशिश

जब जब हमने की भाई

तितली उड़ कर रवा हो गई

हम सबने मुँह की खाई
हम सब बच्चे मिलकर जब यह
बात खुशी का सोचेंगे
कभी किसी प्राणी जीवन से
उसका सुख ना नोचेंगे
फिर हमरी खुशियों का सागर
दिन दिन बढ़ता जायेगा
तितली रानी बन्दर चाचा
संग संग ढोल बजायेगा
भालू भाई कुत्ता मीता
नाच नाच कर गायेगा
तो बच्चो क्या कहना है
सब प्राणी संग मिल रहने का
भाई सा आचार हो
बिल्ली, कुत्ता, बन्दर, भालू
तितली से भी प्यार हो
हिल मिल हिल मिल कर रहने से
खुशियाँ अपरम्पार हो।

12. राम लाल

बिटिया को खोने के दुख मे
विक्षिप्त राम लाल रहते है
कोई भी कुछ भी सुने नही
तो भी वे सुनाते जाते है
कुछ कहते हैं कुछ सुनते हैं
कुछ कहासुनी भी करते हैं
सुन गुन कर कहासुनी में भी
कुछ मिलता है कुछ गुनते हैं
है फ़ितरत उनकी अब ऐसी
कुछ सुने बिना भी सुनते हैं
अभी तो कल की बात है
ये ज़ब रामलाल घर आए थे
विह्वल थे मन के चन्चल थे
तन मन से बात टपकती थी

पर जान नहीं पाये हम
कुछ संकित मन आँख झपकती थी
यह रामलाल ही फ़ितरत है
कि कहे बिना सब कहते हैं
उनकी बस यही तमन्ना है
हम दिन दिन सुनते रहते हैं
यह बात नहीं अनहोनी है
जो बात घटित उनके संग है
सच्ची है सही कहानी है
उनकी बिटिया खोजाने की
सब जन की बनी कहानी है
पर उसके खोने के दुख में
अब रामलाल का जीवन जप
हर तरह बना बेमानी है

इस कारण भाई रामलाल
कुछ कहते सुनते रहते हैं
कुछ कहा सुनी भी करते हैं
अपनी बिटिया के ख़ोने का दिल
दंसित कथा सुनाते है।
सुनने वाले यदि
मिले नही तो भी वे सुनाते जाते है।

13. प्रकृति परायण

मानव मन संतप्त कुटिल है
विजय प्रकृति पर पाने में
नही सान क्या ऐसा करना
हितकर नही जमने में।
पोषण प्रकृति हमारा करती
करते पर हम नादानी
उन्नति हेतु प्रकृति विघटन मे
यही करी आना कानी ।
कटे पेड़ वन प्राणी भटके
घटी वनस्पति सम्पदा
कहाँ ठौर पायें वन जीवन
भटके बस्ती कदा कदा।
वातावरण प्रदूषित वर्धित
कारक बना जीर्णता का
नए नए संक्रमन रोग के
जन जीवन में बाधिता का।

विचरण अब स्वच्छन्द रहा न
कहर करोना से संकित
नाशक कीट करो व्यवहारित
हर देहरी पर है अंकित।
क्या क्या उद्यम देश कर रहे
इसे नियंत्रित करने का
पर अबतक ना हुआ करगर
वैक्सिन रोग निरोधक का।
कंप्यूटर है ए० आई० है
एटम बाम्ब मिसाइले है
क्षमता की सर्वनाश की देखो
सब देशों ने बढ़ा ली है।
किसके ऊपर कौन बढ़ेगा
होड़ परस्पर देशों की
क्षण में विघटन क्षण सम्वर्धन
की चर्चा होती रहती।
निज सम्वर्धन सुख के खातिर

जन्नत यही बनानी है
बन में महल रास्ते सड़के
वन जीवन को खाली है।
अपने ही आनन्द हेतु
मानव ने जाल बिछाली है
समाचार आक्रोसित
दो मानव को कुचल मारी।
चाहे पर्वत चाहे वन हो
चाहे नदी समन्दर हो
वन जल प्राणी रोक न पाए
मानव के कुत्सित क्रम को।
क्या हम आज अधिक सुख बोधित
इस उन्नत उपकरणों से
क्या मानव है नही ग्रसित
अपने ही अतिक्रमणों से।
सुनो सुनो अब
बहुत हो गया

उन्नति चर्मोत्कर्ष
जीवनदायी प्रकृति मान्यता
स्वीकृत करो सहर्ष।
कहा लक्ष्य है
क्या उद्बोधन सत्य सहज
समकक्ष है
प्रकृति सम्भालो
प्रकृति बचा लो फिर जीवन उत्कर्ष है।

14. महानता में महान

भारत की आन बान शान

हैं हम सबके अरमान

जन कल्याण

हमारे मन का विधान

सर्वांगीण विकास

हर मन की हुलास

समाज निर्माण है

शिक्षा का वितान

सहज सहयोग

से ही कभी ना वियोग

स्वच्छता का विलास

खिले मन जो उदास

विकसित हरियाली

मनभावन निराली

जीवन जनहित हास

भरे सबमे उल्लास

आवो चले साथ

कहीं छूटे ना हाथ

पथ हो प्रशस्त

हम हों न कभी त्रस्त

कोई हाथ हो न ख़ाली

ऐसा करो बनमाली

भर दो मन में उमंग

सब चले संग संग

कोई दुर्दिन न आये

हतासा न सताए

जहाँ मन हो संतप्त

संवेदनाएँ त्रस्त

दूषित वातावरण से
घुला समीर
जनजीवन के लिए
समस्या गंभीर
आवो मिल करे
समस्या निदान
सम्वरण प्रकृति का बने
ध्येय हमारी नीति का
सुरमित समीर
समेटे हो अधीर
सब देशों के साथ
मिल जीते विश्वास
करे प्रकृति सम्वर्धन
बड़े प्रेम रस जीवन

हैं यही अरमान
हमारे भारत की शान
मोदी है मुमकिन है
स्वर्णिम विहान
मोदी है,
हमारा भारत है महान

15. स्वदेश प्रेम

हम भारत के वासी हैं
      भारत हमरी शान है
इसकी आन बान पर अर्पित
      हाज़िर अपनी जान है
अमन हमारी नीति रही है
      जीवन सफल सकल की
समरसता विश्वास जनित
      संगम जन जन जीवन की
यहाँ प्रवाहित अमृत धारा
      गंगा सरस्वती की है
ब्रह्मपुत्र, कावेरी कल कल
      यमुना महानदी की है
विविध विविधता का संगम
      यह देश हमारा न्यारा है
हर साधन संपन्न धरा है

मानवता की दारा है
भाषाएँ परिवेश विविध है
विविध हमारी बोली
        फिर भी हम मिलजुल कर रहते
सब के हम हमजोली
        इसी भाव से क़दम बढ़ा हम
उन्नत पथ अपनाते हैं
        कोई भी अपकर्ष हमें अब
नहीं विलग कर पाते हैं।

16. एक सवाल

एक नर कंकाल, परिस्थिति से बेहाल

निकला सड़क पर, डग मग की चाल

ना ज्ञात थी दिशा ,न जीवन का हाल

उसे कोई जो देखेगा करेगा सवाल

वो नर कंकाल क्यों है तेरा ये हाल

नहीं है ज्ञात हमें कोई बात

पर जनसेवक की लूट से हम रहे बेहाल

खाने को रोटी नहीं पहनने को वस्त्र

इन्हीं सवालों ने हमें किया त्रस्त

करने को काम नहीं, रहने को बाम

झूठे आश्वासनों की लड़ियाँ रही तमाम

आपस की फूट और छीना झपटी में

मिला ना कोई कारगर आयाम

शक्ति है क्षीण, मन में है पीड़ा

तन झकझोरती है

पर मन ने उठाया है बीड़ा
तो करेंगे वह जो सब जनहित है
संकल्पित है,मन विलग नहीं राय है
उद्बोधित जन समूह
से प्रेरणा जो मिल गयी
दो हिमालय से ऊँची
विरटता भी कट कट सिमट जायी
पाने को सहारा दिल ने विचारा
ढूंढते हैं कोई किनारा
पर अभी तो डगमग है तेरी चाल
वो नर कंकाल
फिर भी तुम
उद्यम से बुन अपनी जाल
परस्पर सहयोग में उत्तर मिलेगा
श्रम समीकरण में जीवन खिलेगा
भ्रष्ट नेता के आव्हान न सुन
अपने सामर्थ और सहयोग की गुन

17. सुनो सुनो सुनो

यह देश का सवाल है
सुनो सुनो सुनो
हर दिल में इक मलाल है
सुनो सुनो सुनो
बिगड़ा हुआ क्यों हाल है
सुनो सुनो सुनो
धनवान अति,गरीब क्यों
सुनो सुनो सुनो
भूखो के हम मरीज क्यो
सुनो सुनो सुनो
हम है स्वतंत्र पर
नही सुधा स्वतंत्र है
भूखे हमारे बच्चे अवलम्ब हंत है
वोटो की बढ़ी लूट है
सुनो सुनो सुनो

गुण्डों की बनी बूथ है

सुनो सुनो सुनो

घपले की पूरी छूट है

सुनो सुनो सुनो

वादो की हाट है गरम

सुनो सुनो सुनो

लीडरो के खूब ठाट है

सुनो सुनो सुनो

कब कौन किसका पत्ता काटा

सुनो सुनो सुनो

कब कौन दल से पलटा

सुनो सुनो सुनो

दण्डित है तो भी नेता

सुनो सुनो सुनो

कलुषित है कार्य

तब भी पूजित

सुनो सुनो सुनो

ख्याली पुलाव बँटते

हम क्यो नही समझते

कृत है जो निन्दनीय

तो क्यो नही विलगते

कह तक चलेगा हाल ये

सुनो सुनो सुनो

यह देश का सवाल है

सुनो सुनो सुनो

कर मे लिये मशाल

आगे बढ़े चलो

जो निंदनीय नेता

उनको गलत करो

वोटो से तुम सवाँरो

सशक्त पथ घरो

लम्बी अवधि से हम तुम

गफलत मे जी रहे थे

अब माँग है समय की

पहचान लो "कमल" को
है समय जन सम्मान का
उत्तीष्ठ हो करम को
भूलो न आज है
समय देश के उत्थान की
विश्व पटल आनपर
विश्वगुरू महान की

18. कद

कद ही से, कद की कदर करो
कद ही से ,कद पर सबर करो
कद ही मन की मर्यादा है
कद से ही धन व सम्पदा है
मर्यादा का यदि मान गया
तो तन मन धन पहचान गया
मन पावन जन मर्यादा का
कर्तव्य भाष सरसिज मन का
कैसा भी हो जीवन दर्पण
मर्यादा को सबकुछ अर्पण
मर्यादांचित जीवन चुन लो
भटको न कहीं सम्भलो सम्भलो
फिर कद से ही कद का कदर करो
सम्भलो सम्भलोसम्भलो सम्भलो

19. इज़हार

नजर मे आ गये हो तो
बंदगी कर लिया करते
हमारी शान शौकत मे
पैमाने भर कर लिया करते।
कही गाते तरन्नुम मे
कही सजदा भी कर लेते
झुकाये सिर जो कदमो मे
तो वादे कर लिया करते।
कभी मिलने की आशा में
नजरे चार कर लेते
हमारे इश्क की तासीर
बयाँ करते तो कर लेते।
अभी तकरीर बाकी है
अभी दहलीज जन्नत पर
हमारे प्रेम दौलत

का इकरार बाकी है
अभी इन्कार बाकी है,
हमारे प्रेम दौलत का
अभी इजहार बाकी है........
जिन्दगी से बड़ी सजा ही नही
और क्या जुर्म है पता ही नही।
इतने हिस्सो में बँट गया हूँ मै
मेरे हिस्से मे कुछ बचा ही नही
चाहे सोने के फ्रेम में जड़ दो
आइना झूठ बोलता ही नही
धन के हाथो बिक गए है सभी
अब किसी जुर्म की सजा ही नही
सच घटे या बढ़े तो सच ना रहे
झूठ की कोई इन्तहा नही

20. जन्नत की राह

यहाँ सब अमादा है
कही कुछ कर दिखाने को
तुमको इनको उनको
स्वर्णिम राह बताने को।
जन्नत क्या है स्वर्ग क्या है
खाका सभी खींचते हैं
कोई कोई पत्थर चुन चुन
स्वर्ग की राह बनाते हैं।
सीढ़ी सीढ़ी चढ़ते जावो
यही हमें समझाते है
कौन काफिर है कौन भक्त है
किसे हमें अपनाना है
पद्धति सबकी अलग अलग है
अलग अलग सुर गाना है
शक्ति एक सर्जन है

मानो क्यो ये नही समझते है
अपना बात सही ये
माने इनके सही फरिस्ते हैं
दूजी पूजा और अर्चना
मे इनका विश्वास नही
शान्ति सुरक्षा इनसे विलग
हो मिलने का आभास नही
धर्म हमारे मन की उपज है
नही प्रकृति सम्पादित है
जितनी राहे दिखी
यहाँ पर सब मानव प्रतिपादित है
सब धर्मों का एक धरम है
मानव हित सरसाने में
जन्नत स्वर्ग यही बनते है
हिल मिल हिल मिल रहने में

तो खुशियो भरा
वह चमन माँगते है,
अमन माँगते है
सारे जहाँ का वतन माँगते है
मिलेगा कहाँ मागने से वो भाई
कभी क्या किसी ने पलट राह देखा
जो चढ़ता गया हर कदम पर ऊँचाई
नही स्वर्ग कोई न जन्नत है कोई
मिलेगी फसल जो हमने है बोई
अतः अमन माँगते
है चमन माँगते है
सारे जहाँ का वतन माँगते है

21. दर्द दहेज़ का

दोहिता इस दीन की दिया है
बड़े यत्नो अरमानो से
उसे सजाया और सिया है
छुटपन मे पापा पापा कहकर
ठुमुक ठुमुक आती
खुशियो की बौछार
तन मन पर बरसाती
उसकी तुतली बोली से भरा था
मेरा घर संसार
वही तो बनी हमारे
जर्जर जीवन का भावी आधार
देखते देखते दोहिता (बबली)
बड़ी हो गयी
हमारे जीवन मे खुशियो
कड़ी बन गयी

विश्वास रहा कुछ
बड़ा करेगी
पिता माता की हसरतो को
जीवन से पिरोयेगी
हर परीक्षा मे वह अग्रसर ही रही
उम्मीदो की कड़ी बढ़ती ही गयी
उसके उपहारो से मेरा
झोपड़ा सजा था
घर घर कोने में
बबली का फिजा था
घर की हवा मे
उसी की सुगन्ध है
हम पति-पत्नी का दिल
खुशियो से रंगा रंगा है
मन मे विचार
यह कभी आया नही

दोहिता घर से निकल
पराई हो जायेगी
उसकी तोतली बातो की
समा यादे रह जायेगी
आया जब विचार
मन मे उसे ब्याहने का
मात्र यह ख्याल दोहिता
के साथ न रहने का
दर्द छा जाता
तन मन परिवेश मे
कैसे वह रहेगी
खालिस विदेश में
बेटी ब्याह कर विदा
करने की प्रथा
माँ पिता के लिए रही है
एक विकर व्यथा

जब सोचा
'जा तुझे सुखी संसार मिले'
भुला देना
मन के कोने से आवाज आयी
इस दहलीज पर चढ़ते
सब सिकवे गिले
सिल सिला शुरू हुआ
वर ढूढ़ने का
सब सम्बन्धी मित्रो हितैसियो
से मिलने का
इश्तहार भी दिये जीवनी
विचार और प्रचार भी किये
सम्यक सुशिक्षित,
सर्वगुण सम्पन्न वर के लिये
अंततः एक वर मिला
जिसके पिता अपने क्षेत्र मे

थे जाने माने शिला
उनके नाम का
परचम क्षेत्र मे लहराता था
हर किसी की जबान
पर उनकी विरुदावली का नाता था
अपने पुत्र निराकार
का प्रसंसा का पुल बाँधते ना थकते
बीमार   हो जाते थे
एक ही बात को कहते कहते
पर हम जो सँजोये थे
अरमान बिटिया के सम्बन्ध की
धड़ाम से गिरे जब प्रख्यात
जी ने दहेज वमन की
लड़का ना हुआ दुकान
पर सजे सामान पर
बोलिया लगती रहीं

उनके अकूत धन के वितान पर
कार चाहिये, घर के सजो
सामान चाहिये
बरातियों को आवभगत मे
सोने सिक्के का उपहार चाहिए
नगदी मे लाखो का
प्राविधान चाहिए
बात जैसे तैसे बन गई,
लड़का लड़की के
मिलन और पसंद की
जगह निर्धारित हुई
देवालय शांतिकुंज की
तय था लड़का लड़की
अकेले मे मिलेंगे
एक दूसरे वय का अनुमान
देखकर करेंगे।

लड़का यानी निराकार पहुँचे
शांतिकुंज द्वार
अन्दर बढ़े और नजरे दौड़ाई
एक सघन वृक्ष तले दी
दिखायी सिमटी एक आकार
उधर कदम बढ़ते गए मन
मे उड़ने लगे विचार
जैसे ही रुख बदला
आँखे हुयी चार
निराकार के कदम
अब हौले से तेज हो गये
निकट पहुँचे तो
एक टक देखते रह गये
बाला इन्तहा हसीन थी
पर दिखती गमगीन थी

मै निराकार,
तुम बबली से मेरा
सहज साक्षात्कार
चलो उठो टहले और कर ले
कुछ बातो से दिलो का इजहार
बबली का अनुपम मुख खुला
लगा सुरमित गुलाब खिला
हम मिले दिल की
धड़कने बढ़ गयी
लगा हम सदियो से मिले है
उम्मीदे बढ़ गयी
पर बबली को ज्ञात था
निराकार के पिता का
दहेज की चाहत
जिसकी सोच मात्र से
उसका दिल था आहत

फिर बबली का मन
छनक छनक फुसफुसाया
सम्बन्ध के गम्भीर
पहलू पर सरसाया
बारम्बार सकल पहलू पर
बोझिल हो भरमाया
पर निराकार की छाया
उसको शीतल ही लगती थी
उसकी बातो से रस
बहता प्रेम सघन बन्धन की
उसकी छाया में लगता था
खिला फूल जीवन का
निराकार ने बबली हित
मे अपने मन की खोली
और तभी निश्चय कर
डाला बबली उसकी हो ली।

पर दहेज की माँग पिता
की सहज पर हावी है
निराकार क्या जान रहे है
पाणिग्रहन सम्भावी है
मन आशंकित था पर
दिल ने बार बार ये दर्शाया
तन मन बन्धन में
रम जाए भाव यही सरसाया
निराकार की संगति
बबली को सुमधुर लगती थी
उसकी बातो मे जीवन
की सुबह शाम ढलती थी
निराकार बबली ने
परस्पर मन की बाते खोली
दृढ़ निशचय कर
लिया मनो में बनेंगे हम सहजोली

मिलते हैं कह
निराकार बबली से नजर मिलाया
मन मे मधुर भाव
भर आया प्यार गहन दर्शाया
निराकार घर वापस आया
माँ अति अति उत्सुक थी
मन मे भाव हिलोरे लेते
निराकार सुत सुख की
पुत्र सजग प्रिय माता
संग हो पापा सन्मुख आया
बबली संग जीवन यापन
अपना संकल्प बताया
पिता प्रखर हर्षित
हो मन मे मनो भाव लहराया
दहेज दान की कही
बात को मन ही मन दुहराया

शुभ संदेश किया
प्रस्तारित बबली पिता विनय को
शुभ-शुभ है सम्बंध लगन की
निराकार-बबली को
विनय व्यवस्थित हो
मन मे फिर गये प्रखर से मिलने
खुशियो का इजहार
किये बिन ताना बाना बुनने
प्रखर प्रबुद्ध भाव
से अपनी मनसा फिर दुहराये
दहेज की हर मांग
गिना कर मन ही मन हर्षाए
विनय विनीत भाव से
बोले खोले अपनी सीमा
बिटिया के सुख हित
के खातिर छोड़ू कोई कमी ना

प्रखर व्यवस्था और दहेज की

भरपायी दुहराए

विनय मुखातिब हो

अपनी वह शान वान लहराए

उचित व्यवस्था होगी

कहते विनय सहम गए थे

फिर इंगित दिन हुआ

तिलक के चढ़ने को आयाम का

विनय सहस घर लौटे

पर था मन मे डर फरमान का

प्रखर अड़े थे हर हालत

में अपनी झूठी शान पर

दाइज सौदा चूक न जाये

अड़े रहे निज बान पर

विनय द्वार पहुँचे जब

उनके मन मे भरा उफान था

बिटिया शादी मे दहेज
का फैला बड़ी वितान था
पत्नी रमा संग मिल
बैठे रमा हृदय हर्षाया
बिटिया शुभ सम्बन्ध
सोच माँ अन्तरमन लहराया
सभी साज संगत की सूची
दम्पति लगे बनाने
निज साधन आमूल
मान की तुलना लगे कराने
सब साधन आकलन
करन पर भी दूर बहुत बड़ी थी
मन में विविध विचार
झौंकते उल्टी धार बही थी
रमा कही मेरे मैके मे
सब साधन भरपूर हैं

विनय कहे कद छोटा होगा
माँगे जो मजबूर हैं
मन ही मन विकल्प सब
सोचे पर कुछ साफ न सूझा
आलीशान भवन क्रय से
ही गति बदलेगी बूझा
किये प्रसारित लुके छिपे
ही अपने इस आशय को
सहघर्मिणी रमा भी समझी
पति के अन्तरमन को
कानो कान खबर ना होवे
बबली बिटिया प्रिय को
नही तो कर देगी प्रण
खण्डित निज पितु दिये बचन को
होने लगी विविध तैयारी
तिलक दिवस संगम की

पर बबली को मिली सूचना
पितृ-घर के विक्रय की
मन कौंधा बाधित सा था
मात-पिता के अप्रिम प्रेम की
पर क्या हम यह नही जानते
लॉक्षित है इस नेम से
बहकी आन शान मे रमकर
कुण्ठा भरे समाज में
नही करेंगे ब्याह
इस तरह बिककर हाट दहेज में
दिन पावन था
तिलक रसम का स्वर्णिम रहा सवेरा
पर बबली ना दिखी
सुबह से चिन्ता ने मन घेरा
रमा कहाँ बबली है
अब तक आज रही क्या सोती

उसके ही चिर चपल कूक
से दिन का मंगल होती
बिटिया शयन कक्ष में
ना थी ना था घर कोने में
आँखे खुली खुली की रह
गयी सुता के हित चिन्तन मे
पत्नी को इंगित कर बोले
दिल की दहसत खोले
कुछ एक दिनो से बिटिया
का रुख हमसे कुछ ना बोले
घर का कोना कोना छाना
बबली कही दिखी ना
दिखा एक कागज का रक्खा
बिस्तर लगा डिठौना
प्रिय माँ पापा समझ गई
मैं हर कष्ट की कारक

कहाँ सुकून मिलेगा
मुझको मा-पित की निस्तारक
निराकार संग तार मिलाया
हलचल बसी था मन में
सम्भव नही होत परिलक्षित
हम दोनो के मिलन में
वस्तुस्थिति से विगत हुआ
जब निराकार निज मन में
नही चाहिए मम्मी पापा
कुछ दिन रहे विजन में
हम बालिग है तुम बालिग हो
स्वयं संग हो लेंगे
सिविल कोर्ट में तुरतहि जाकर
शुभबन्धन कर लेंगे
हाट दहेज की बहुत गरम है
हमरी समझ से बाहर

पिता हमारे भ्रमित रहे
झूठी शान मे आकर
नही समझते
हम ना लोभित हैं
घर वाहन पाकर
हम सक्षम हैं तुम सक्षम हो
शंका नही है मन में
निज सम्वल हम ढूंढ ही लेगे
बिन पितु-मात सदन में
पर यह है विश्वास
हमे जब हम दम्पति घर जाएँ
चरण स्पर्श कर मात-पिता
से आशिर्वचन कराएँ
खुशियाँ पुनः संचारित होगी
मन होगा न कुण्ठित

हमने यह जो कदम उठाया
हित इसमे ही संचित
बबली दिल में निराकार था
निराकार बबली में
निकल पड़े चुपचाप घरो
से संकल्पित थे मन में
कोर्ट पहुँचकर शादी कर ली
पंजीकृत करवाया
बबली-निराकार का संगम गूढ़
प्रेम लहराया
टूटा कवच हाट दाइज का
प्रखर पिता शरमाए
विनय-रमा ने मन ही मन
से हर्ष सुमन बरसाए

22. कैसे बना मज़हब

हमने अपने तरीके, पूजा पद्धति और सलीके
निज सुविधानुसार प्रतिपादित
समयान्तर मे कर स्थापित

निज को निज से जोड़ जोड़ कर
नया मार्ग अपनाया वैसा
पर समयान्तर देव जनित मनभाव उठा
कि सब हो अपने ही जैसा
फिर क्या लगे ढूढ़ने उस उपाय को
जिससे हो आकर्षित
अपनी पद्धति और तरीका को
मनहर कर करने लगे प्रसारित
तो मजहब बन गया

गर हुश्न न हो इश्क भी पैदा नही होता
बुल बुल गुले तसबीर पर सैदा नही होता

23. सरकार

भारत में सरकार बनी है
चुनकर जनता वाली
जन जन में उम्मीद बढ़ी है
बड़ी सकल ख़ुशहाली।
बड़े बड़े नेताओं के
मन रंगत भरे हुलास
दिन दिन उनकी यादें आती
बढ़ती मन में आस।
मंगल भाई जोह रहे थे
सड़क गाँव की पक्की
बारिश में घर घिर जाते थे
सभी डगर थी कच्ची ।
नेताजी के आश्वासन से
लोग रहे आश्वस्थ
शुरू हो गया काम सड़क का

द्वारा ग्राम पदस्थ।
ट्रक से भर भर मिट्टी आयी
आई रेत नदी से
बिन प्रयास के श्रमिक मिल गये
अपने गाँव घरों से
दिन रात काम सड़क का
चलता बड़ी लगन फूर्ति से
ग्राम जनों की आशा
मुखरित होती रोज़ ख़ुशी से
क्रमशः काम रहा चलता
पर बात यह पड़ी सुनाई
ग्राम पंच सूचना सुनाए
आगे फण्ड ना आई
मूल्य जो आंका गया
काम का हो गया डेढ़ दूना
कानाफूसी होने लग गयी
कौन लगाया चूना

कथा सुनाती सड़क
कि हम तो व्यथित हो गये भाई
खाई खुदी भरे मलबे से
कब तक करें मिताई
जो भी आता व्यथा सुनाता
लांछन हमें लगाता
पर क्या मालूम नहीं है
उनको कथा हमारी
गति का कथा सड़क की
नेताजी के द्वारे पहुँची जब
पदस्थ पंच को
सम्मन भेजा नेताजी ने
तुरत ही बदलू यादव
पदस्थ पंच थे
पहुँचे जैसे दफ़्तर

मन आशंकित था
पर उनके चेहरे खिले परस्पर
नेताजी को ज्ञात   बात थी
फण्ड कतरन की
कहने को तो रंज जताई
गर्जन दिखा कड़क की
बदलू यादव समझ रहे थे
नेता है हमराही
आज नहीं तो अग़ाज़ वर्ष में
सड़क पीच करवाही।
सदन विशेष सत्र में होगा
तुरंतही किया ये प्रस्तावित
सड़क कार्य के लिए करेंगी
बजट विशेष व्यवस्थित।
आशा है कि सड़क बनेगी
हुआ विलंब तो क्या है

कोई काम समय से होवे
क्या हमरे बस का है
हमरा बस है वोट देन का
नेता चुन भेजन का
मन माफ़िक़ ले काम करेंगे
नाम करेंगे जन का
नलकूपों की कथा पुरानी है
ना बहुत विगत की
पानी छूटत नाली बह गयी
फ़सलें रही तरसती
नेताजी तो लाल हो गए
स्वर्णिम हो गयी पंगत
जनहित काम धरे के रह गए
बिगड़ी हमरी रंगत।
अब नेताजी नज़र न आते
बातें नहीं मिलन को
नाते रिश्ते मगन कर दिये

कॉन्ट्रैक्ट दिए स्वज़न को।
चौराहे रस्ते हैं
उनके नामों से प्रतिपादित
उनके निजी काम करे
सब सेवक जन निस्तारित।
साल गुज़र गए व्यथा
सड़क की हुयी नहीं है ख़ाली
भारत में सरकार बनी है
चुनकर जनता वाली

24. आदमी

आदमी वह नहीं जो टूट जाता है
आदमी वह नहीं जो रूठ जाता है
आदमी वह नहीं
जो ठोकरों से लड़खड़ाता है
आदमी वह नहीं
जो लाचारी के गीत गाता है
आदमी वह नहीं
जो संकटो से त्रस्त होता है
आदमी वह नहीं
जो परिस्थितियों से मात खाता है।
आदमी वह जो
इन्सान को इन्सान बनाता है
आदमी वह जो
रंजिशो से पार होता है

आदमी वह जो

रास्ते प्रशस्त करता है

आदमी वह जो

जिल्लतो को झेल जाता है

आदमी वह जो

सदभावना का बीज बोता है

आदमी वह जो

शान्ति का आराध्य होता है।।

आदमी वह जो

संगति में जन्नत बनाता है

आदमी वह जो

आदमी के काम आता है

आदमी ही देश का अरमान होता है

आदमी के काम सरे आम होता है

आदमी ही देश का विधान होता है

आदमी नई सोच का किरदार होता है।

माने न कभी हार

परिस्थिति की आड़ से

रुकते ना क़दम

उसके कांटों की बाढ़ से

हैं लाँघता उन्नत शिखर

अपनी वजूद से

लिखता है देश आन की

निज खून बूँद से

उसके ही नक़्शे क़दम पर

इतिहास लिखा है

उसकी ही ज़िंदगी पर

मेरा शीश झुका है

आदमी वह नहीं

जो टूट जाता है

आदमी ही आदमी

के काम आता है

25. प्रेम प्रवाह

राधे माँ थी कह रही
हुआ मुझे प्यार
मिला पड़ोसी गर कही
कर दूगी इजहार।
मुआ कराता है मगर
बार बार दीदार
कहता है पर कुछ
नही होती ऑंखे चार।
छैल छबीला दीखता
मुस्काना हर बार
कभी नही है बोलता
उसको भी है प्यार।
मेरा दिल धक धक करे
हरदम उठे विचार
दिल में उसके क्या बिठा

कहे कभी ना यार।
मास दिवस कहते रहे
पर न हुआ इकरार
एक दिन इंगित कर दिया
मिले बाग में यार।
टहल पहल के योग से
चले बाग की ओर
पीछे वह भी हो लिया
दिल धड़का बड़जोर।
पहुँचा बाग तो बेन्च पर
बैठ गए सट साथ
लगा फूल हैं खिल गये
सूर्य किरन के हाथ।
सोची वह ही कहेगा
अपने दिल की बात
मै मुर्खा रमती रही
बन में भर एहसास।
नही जान पायी मगर
क्यो चप है ये यार

पर सर बैठन से उठी
तन में लहर हजार।
किया हर्ष उदगार यार ने
इंगित किया यतन से
मूल बधिर मै जनम जात हूँ
दुर्दिन जनम वतन से।
गिरी धम्म मैं आसमान से
हुआ व्यथित मन मेरा
पर दिल मेरा कहे जा रहा
प्रियतम मिल है तेरा।
जीवन के एकल पहलू में
अब दो साथ रहेगे
सफल सजग हम दोनो ही है
कदम मिले ही रहेगे।
उन्मुख हम दो खड़े हो गये
गले मिले आश्वासन
जीवन दोनो धन्य हो गये
मिले घरो के आंगन

26. नीति विचार

जैसे पेड़ बबूल का
काॅंटे घने अनेक
जग जाहिर मन कुटिल का
माने नही विवेक।
चलता चलता चढ़ गया
उन्नत पथ आलोक
जाग्रित मन उन्मन्त था
मिला ध्येय संयोग।
ज्ञान परिस्थिति विगत की
सका न मन को रोक
यह तो विघटन की घटा
क्या करता है शोक।
सम्भलों सम्भलो कह रहे
नही मार्ग का ज्ञान
अपना हित ना कर सके
देते है फरमान।

जब तक घट में प्राण है
परहित भी तो सोच
कुछ भी साथ न जायगा
धन संचय क्यो पोच।
हृदय विदारित क्यों करे
करे न पर हित बात
आज नही तो कल रहे
बढ़ता मन परिताप।
बढ़ा बढ़ा सदभाव से
हीरा मोती चुन
कर बंदिश उस परम की
गुण गाही का गुण।
दुर्दिन में तो सोचता
बना विधाता काम
समय के रहते मन बना
सब जनहित आयाम।
करनी मरनी साथ है

ना इसमें कोई भेद
जो जैसा करता रहा
बना नही संवेद।
जग ये अपना है नही
अपना ही है कर्म
वह जीवन ही सफल है
जो समझे यह मर्म।
करो वही जो कर्म है
करो न पश्चाताप
मन संशय में जो रहा
डूबा मन संताप।
अपना अपना क्यो करे
अपना यहाँ न कोय
जो संगति कर साह की
सब जग अपना होय
ईश्वर रूप अनेक है
है अनेक निश्ताम्

जन जीवन सदभाव में
ईश्वर करें निवास।
दुर्दिन आस विसार दे
कर सतकर्म विचार
करनी भरनी साथ है
ना कर कलुष करार
जनमानस धन ज्ञान हो
हो उन्मुक्त विचार
सुरभित सदभावों जनित
वहे पवन करतार।
कलम कसौटत है अगर
परहित उच्च विचार
कविकुल निश्चित वह करे
जोड़े सब संसार।
बढ़ती चाह विसार दे
कर उसकी अरदास
जहाॅ संग साधू मिले

होवे प्रेम प्रवास।
मन पावन मंदिर बना
शुभ संगति की सोच
ईश्वर परम अनन्त है
वन्द कपाट न पोच।
जहाँ सहज विश्वास है
सर्वहित संचित होय
नही दुराशा पथ पड़े
विलग पंथ का होय।
याचक प्रभु सम्मुख बनो
खोलो कपट कपाट
हृदय द्वारा प्रभु आयेंगे
भाग्य ना लिखी ललार।
अग्नि समन सब कुछ करें
ना कोई स्नेह सुदेह
जिसका जैसा गुण भरा
नही बिलग पाथेय।

करे वन्दगी सबल की
निर्बल की ना लेख
ऐसी ही जग राति है
खोल नयन तो देख।
संगति जैसी जब मिले
मिले न मन के तार
खुले भाव से विलग हो
क्यो रहता मन मार।

27. चॉदनी

चांदनी चॉद से
कह रही बात है
क्यों दिन में अगोचर
मेरा साथ
मेरे होने से ही
चॉद शीतल बना
मेरे नगमें ही गा
चॉद मामा बना
बच्चों बच्चों का
चहका खिलौना बना
क्या शरमसार है
चॉद दिन में भला
मेरा साथ छोड़ा
तो महॅगा पड़ेगा
मेरी रंगत से ही

चाँद कर रंग है
फिर क्यों रात को ही
मेरा संग है
दिन में तारों के संग
कुछ दिनों लिप्त थे
अगोचर रहे शान में सुप्त थे।
दिन में जब तुम दिखे
रंग उतरा हुआ।
संग मेरे न होने
से रूसवा हुआ
चाँदनी से अलग
साख जमती नही
चाँदनी से विलग
चाँद की हस्ती नही।

28. जन सेवक

आप लीडर हैं
आप नेता हैं
जनता के चहेता हैं
आप चरने में माहिर
कीर कला के प्रणेता हैं
सेवक कहते हैं
पर स्व सेवा के अधिकारी हैं
झगड़ा हो फसाद हो
प्राकृतिक अवसाद हो
धड़ल्ले से पहुंचते हैं
दुख जाहिर करते हैं
अपना पन दिखाते हैं
सरकारी धनराशि के
आवन्टन का आश्वासन दिलाते हैं
और तो और जेब से जाता नही
जेब खाली करवाते हैं

अनवरत बारिश में
लल्लू बल्लू कल्लू के
घर ध्वस्त हो गए
बल्लू गए नेता जी के पास
विश्वास बढ़ा
कल्लू का,लल्लू का,बल्लू का
नेता जी ने मदद की
बाढ़ लगा दी
अनुशंसा का पत्र
बल्लू को पकड़ा दी
कहाँ छप्पर नही
मकान पक्के बनेगे
तभी तो आप सब
ऐसी आकस्मिक
विपदा से बचेगे
तो फैसला हो गया

अनुदान के आवंटन का
नेता जी कर कमलो
से गंगा धन बहने का
धन बैंक में आया
पर कल्लू, बल्लू, लल्लू
तक पहुँचन में
तिहाई सिमट गया
सरपंच नेता तक
कटोरा ले खड़े थे
कल्लू, बल्लू, लल्लू
को वितरित
सरकारी अनुदान के
नीचे पले थे।

29. मनी आर्डर

जीवन की आपाधापी में
निःस्वार्थ नही कुछ, दिखता है
जिन स्वार्थ के ही सम्पादन में
मानव मानक सब बुनता है
क्या यही तरक्की सूचक है
विज्ञान जनित सम्बल साधन
मानव मन इतना कलुषित हो
नाम मातृ भावना का सर्जन
कुछ सुना और कुछ देखा है
कितना विषमय जन लेखा है
सुत बुढी मॉ के जीवन हित
मॉ का दिल घना प्रफुल्लित था
दस परसेन्ट मॉग कमीशन की
तो मॉ का दिल संतप्त हुआ

30. जीवन दर्शन

सुख संतोष मुखर होते थे
इसी विगत जीवन में
खुशियों की सुरभित समीर
पौढी रहती कण कण में
खुली फ़िज़ा मन गदगद रहता
तन मण्डित चन्दन सा
सुरभित जीवन प्रांगण
प्रतिपल आलोकित हर्षित था।
मुधमय असार मुखरित था
प्यार सब हृदय
देश का खुला द्वारा
सुख शान्ति पहल करती रहती
समरसता दिखती द्वार द्वार
मन भव सरस झंकृत होता
खुलते हृदयांगण के कपाट
ना श्रेय रहा उस ज्ञापन का

जो निर्भर था विधि लिख ललाट
कर्तव्य निष्ठ जीवन रहता
विधि की रहती गरिमा
अतीत क्या था
जीवन क्या था
दर्शन सब सुख
जीवन में था शरीक

31. स्वदेश हित

हे प्रभो मन डोलता है

हे प्रभो मन बोलता है

करे वह जो जन समर्पित,

कहे वह जो हितोद्बोधित

चले मार्ग उन्नति प्रसारित

चुने ध्येय जो मन संकल्पित

क्या नही ये ज्ञान अपना,

हर्ष उद्बोधित है सपना

कर उसे साकार हम,

जोडे सफलता तारतम

कुछ राह भटके,जंगलो में है विचरते

टोह उनकी ले रहे,हम संग चलते

भिन्नता मतभेद का आलम तो है ही

प्रकृति जनित विभिन्नता का श्रेय है ही

पर हमारी राह तो सहधर्मिता है

ना कही विद्वेश की हठ कर्मिता है

है आपसी विमर्श से रास्ते निकलते

सद्भावना की राह पर से क्यो न चलते
देश हित में जान भी हाजिर न हो तो
निज हितो में ही रहे निर्लिप्ता सब जन
कर्म की गरिमा दिलो में सुप्त हो
तो कहाँ उत्थान में हो तो जगत जीवन
क्या नही ये मानसिकता,
दाक्षता की जन्म दायी
क्या नही हम जानते
अपनी गुलामी की बुनायी
दीर्घ शतको तक रही यह ही कहानी
नीति चाणक्कीय भी हमने न मानी
दुश्मनों आक्रान्ताओ से
न हम मिल जंग ठाने
रह गए निज स्वार्थ के ही हम दिवाने
थे पराजित हम निजों की दुश्मनी से

घर छिपे जयचन्द जैसे छली जन से
क्षमा हम करते गये जिन दुश्मनों को
हार कर जो भग गये रण छोड़ उनको
गोरी गजनवी से लुटेरे यहाँ जो आए
आततायी इब्न कासिम से पराए।
जब कह गयी है बेड़िया परतंत्रता की
क्यों नही हम है समझते देश हित की
मांग है यह समय की,
हम एक हो आगे बढे
देश हित जनहित समर्पित
भाव से मंजिल चढे
करे उन्नत माल
हम निज देश के उत्कर्ष का
फिर दिखाये देश भारत
विश्वगुरू विमर्ष का।

32. ऐसा भी होता है

मिली जो खबर थी उसी के हवाले
दिया भर दिलों में खुशी के रसाले
बड़ी याद आती है रंगत मिलन की
कहाँ खो गयी बात सहजे वतन की
गिला था न कोई न शिकवा कोई था
खुमारी बसी थी दिलों में मिलन का
बढ़ी धड़कने जब नजरे मिली थी
नही कुछ कहा और न नजरे झुकी थी
सदा संग रहने के अरमान जागे
कि ये कौल दिल की उमंगों के आगे
बसा था हृदय में ये अरमा खुशी का
कि हम साथ होगे सुखी रह जयी का
ये चलता रहा सिलसिला मन में मेरे
कहे कैसे दिल में जो अरमा है घेरे
नही रास आयी खिलती कली से
प्रस्तावित किया जो मिला वेग गली ये

रहा साँस बांधे कि कुछ तो कहेगी
नजर के ही तीरो से कब तक बचेगी
धड़कने लगा दिल हुए बेखबर हम
कहां खो गया क्या ये मन का वहम
कभी खिलखिलाती कली सी वे नजरें
कभी बींधती दिल के धड़कन की लहरे
आगे बढ़ा कि गले से लगा ले
दिली हसरतो को दिलो से मिला ले
किया दन्त दंशन सहज मुस्करायी
उठाया कदम तो पड़ा यह सुनायी
दर पर की ठक ठक कानो में आयी
उठा मै अचम्भित पड़ा यह सुनायी
उठो मेरे लल्ला में हूँ चाय लायी
भरी चाय चुश्की रहा मन में रसता
कहाँ खो गया स्वप्न उससे मिलन का
सपनो की रंगत बहारे जो आयी
रही दिल में धक धक पड़ती सुनायी

33. दीपावली

है आज दिवाली सब जन की
दीपों की माला घर की
चंचल बच्चों का यह आलम
भरपूर उछाले बम बम बम
उनके मानस का हंस खिला
जब आटम् बम का फ्यूज हिला
भागे बच्चे मूंदते कान
गर्जन पटाक करते महान
खुल गये द्वारा हृदयांगन के
खुशियाँ समेट लाये मन के
यह दीप दिशा देता बताय
हम सबको मंगल ही हिताय
सब जन उद्बोधित नित प्रकाश
है दीपोत्सव में सब विलास
यह विधि प्रदत्त संगम सुख का

आ करे नमन दीपोत्सव का
आवो हिल मिल दीप जलाए
जन मन से संताप हटाए
खुशियो का पर्व हमारा है
मनहर है न्यारा न्यारा है
है नही यहाँ कुछ भी आश्रित
नभ ने तारो से कर भाषित
संग हमरो खुशी मनायी
कुछ ना कलुखित कुछ ना बासित
भात्र भाव हम भाई भाई

34. लक्ष्मी पूजन

सुरभित बयार मुखरित है प्यार

दीपोत्सव दिन खुशिया अपरा

लक्ष्मी आवाहन सकल द्वारा

जन जन में है मंगल वियार

हर कोना कोना सजे दीप

जग मग जग मग हर ठौर भीत

हर पहलू रमता मीत भाव

ना कोई परजन ना दुराव

रात अँधेरी नभ की शान

चक मक तारे फैला वितान

यह दिन महान यह दिन महान

गर्जन तर्जन पटाकों की

सब धुन्ध भरे आद्यातों की

है वर्जित व्यास पटाकों का

पर चहल पहल है धमाको का

यह देखा सर्प है नाच रहा
मन भावन लगता सभी यहाँ
    ये फूलझड़ी बच्चो के हाथ
    कर रही बात तारों के साथ
    ये बिजली बम कुछ कम नही
    राकेट का परखम नेक नही
मन संकल्पित हो गया प्रबल
छोडे न पटाके किस पहल
कुछ बच्चे करते रहे ये यतन
भरपूर दिवाली का ये जश्न
    बच्चो में हर्ष अपरिमित है
    उत्साह नही कुछ सीमित है
    चकरी ,चक्रा और फूलझड़ी
    छुट पुट पटाको की ये लड़ी
कुछ राकेट नभ को चीर रहे
चक मक चक तारे विखेर रहे
कोई हाथ आज का खाली है

जानो ये हर्ष दिवाली है
    शुभ दिन भोजन का क्या बखान
    बने भाँति भाँति व्यजन तमाम
    मिष्ठी मन मोहक चाव भरी
    है स्वाद विविध निज निज नगरी
लड्डू या मोतीचूर कहो
रसभरी मलाई खीर को
गुल गुल गुलाब जामुन देखो
ललचायी नजरे ना लेखों
कतली बाजू बादाम की
सोहन पपड़ी से नाम की
चम चम हलुवे वासुन्धी से
और सुमधुर पान गिलौरी से
    उपहार करे वितरित जन में
    भरपूर खुशी रमती मन में

पर एक विषय स्थिति प्रचण्ड
है वायु यहाँ दूषित अनन्त
जो धुऑ भरा इस नभ में है
वह जीवन घातक विषमय है
वर्जित करना है पटाकों को
मानव जीवन आद्यातों को
    है दीपोत्सव की ये पुकार
    जन मन में फैले शुभ विचार
    सब दिल में भाव भरे ऐसे
    शुभ चिन्तक ही सब हो जैसे
है दीपोत्सव की ये पुकार
जन जन में फैले शुभ विचार

35. वतन

अमन ढूढ़ते है चमन ढूढ़ते है,
अपने दिलों का वतन ढूढ़ते है।
नफरत भरी ये जमीं आज वासी,
जहाँ तक नजर है फैली उदासी।
कहाँ किसकी मंजिल
खुदा पर भरोसा,
मानव विगत ज्ञान को ही परोसा।
नई राह पर हो विघटन न हा कोई,
वतन एक हो ना नफरत से बोयी।
कहाँ फर्क है जिस्म की चाह रूख में
बनाया नही भेद रचना के सुख में।
अपने वतन के लिये हम है लड़ते,
क्यो न समझते कि क्यो भिन्न रस्ते।
खालिस जरूरत सभी की वही है,
खुदा की इबादत भी करनी सही है।

फिर भी हमारे वतन क्यो विलग है,
विलग है वतन पर हम क्यों अलग है।
है भिन्न रस्ते
पर मंजिल नही भिन्न,
आगे बढ़ें
न हो मन में जरा खिन्न।
अमन में है चाहत अमन में है राहत,
अमन में ही सबके दिलो की इबादत।
करो ना दफन इल्म इस बंदगी का,
निर्धारित समय है सभी जिन्दगी का।
अमन ढूढ़ते है अमन में है आशा,
चलो संग मिलके छोड़ो दुरासा
फूल और फलता चमन ढूढ़ते है
ऐसा ही सुथरा वतन ढूढ़ते है
    अमन ढूढ़ते है चमन ढूढ़ते है
    अपने दिलों का वतन ढूढ़ते है

36. पराई नहीं घर लाई गई हूँ

बेटी हूँ दीन की
पर शान है इज्जत भी।
कभी न कुछ होवे बेढंगा
यही कौल है हिम्मत भी।
सह समाज में यश वंदन में है
रमता मन मेरा।
करूं नही कलुषित घर
शोभा मन चन्दन है मेरा।
घर ऑंगन में मुखरित होवे
नित नित नया सवेरा।
अभी नयी हूँ,नया वसन है
प्रबल ध्येय है मेरा।
घर ऑंगन में मुखरित होवे
नित नित नया सवेरा।
आशा और उमंग घनित है

दिल मन के प्रागंण में।

सुहृद सभी का प्यार मिले है

यही आस कण कण में।

मन विरक्त था

ऑंसू निश्रित होते नयन तरल से।

विरह सघन में दंशित

तन मन जैसे तपित गहन से।

बढ़ा हाथ जब सासु मॉं ने मुझे अंक में मींचा

लगा हृदय जो तपित दग्घ था

अमृत जल से सींचा।

पिता (ससुर) प्रफुल्लित मधुर ह्लास से

सिर पर हाथ उठाये

दिये वरद आशीष कहे हम लक्ष्मी घर हैं लाये।

बिटिया अब ये घर है तेरा

मेरा कुछ ना शेष है

तेरे प्रेम पहल में बीते भाव यही अवशेष है

पुत्र अनिल के प्रेम फलक में
बेटी तुम हो मण्डित
निसि वासर सुरभित समीर से
रहो युगल तुम सिंचित।
पराई नही घर लायी गयी हुँ
शुभ ही है हर दिल में सजाई गयी हूँ ।

37. सहचर

खिले फूल मन खिला खिला था
वातायन के खुले द्वार से
निसरित होली वायु गंध से
मन मेरा अहलाद भरा था
भौंरों के गुंजन कलाप से
तितली के पंख प्रलाप से
मुखरित जीवन सरस राग था
बारिश की बूंदों में सन बन
हवा रही बोझिल पानी कण
शान्त ग्रीष्म का बना राग था।
कहीं कूक कोयल की आती
कहीं छद्म मैना इठलाती
मन में बढ़ता शान्त भाव था
प्रकृति भरी पग पग उमंग से
वन प्राणी चहके आनन्द से

मानव मन भरता निनाद था
भाव यही संदेश प्रकृति से
क्यों मानव मरता अनीति से
सहज सत्य विखरित अनन्त था।
सच मानव यह जान न पाया
सहज भाव क्यो ना अपनाया
प्रकृति जन्य सुख तो समझ था।

38. राहें

प्रबुद्ध बुद्ध विज्ञ हो,अनन्त मार्ग पर चलो
करो ज्वलन्त और प्रसस्त,ज्ञान वर्धना बलो
प्रसस्ति की न खोज हो
विरक्ति का न बोध हो
समग्र मानवीयता का गूढ़ रंग भेद हो
घटे नही बटे नही समग्रता की चाह हो
मनुष्य हो,मनुष्यता की दौर में न और हो
धरम करम की बात में,
करम ही का निचोड़ हो
अभिन्न से न भिन्न हो
विलोम से न खिन्न हो
करो वही सुफल सुयोग हाथ हाथ से मिला
न रंजिशो का दौर हो न मातृ भाव से जुदा
सफल सजा प्रवोध हो,प्रसस्त मार्ग से सदा

39. भारत भूमि

कहो ना कहो तुम सुनो ना सुनो तुम
हमारे दिलों में सदा ही बसो तुम।
दुनियाँ के देशों में भारत अनोखा
हमने किसी को कभी ना है रोका।
आया जो कोई खाया न धोखा।
खुले अंक में हमने सबको बिठाया
सभी कोई अपना ,न कोई पराया
सीखा सिखाया है सदियो से हमने
हमने ही दी है कर्मो की गीता।
हमसे पुराना न हतिहास कोई
न विज्ञान,न कला,न ईश्वर की गोई।
अनेकों ने हमको घेरा व मारा
मिटा न सके किन्तु भारत सितारा।
हमे गर्व है हम है भारत निवासी
यहाँ की हवा में है जीवन जड़ा सी।
वेदों पुरोणों की चर्चा निराली

कोई ज्ञान संगम न छूटा न खाली
विविधित विद्या का संगम यहॉ है
संस्कृत जनित सूत्र जोड़े हमे है
ये मुनियों की धरती, तपस्वी यहॉ थे
दिये ज्ञान माला यशस्वी यहॉ थे
शंकर ने बोधा दिगम्बर ने सोधा
हुये है यहॉ कर्मज्ञानी व योद्धा
यही थी सती,यही सीता माता
धरती है अपनी सबसे पूनीता
यही राम राजा यही कृष्ण कान्हा
परम धाम है सबने ये माना।
करो वंदगी इस स्वर्णिम धरा का
मिटे कल्प कंलुषित घड़ी सब जनो का
भारत भूमि भागे,सदियो से आगे
चिरन्तन बही ज्ञान गंगा यहॉ से

40. स्वप्निल

साजन से मिलने चली किए साज सिंगार

संकित मन था इंगित थल

पर मिला नही यदि यार

खन खन टूट जायेगा दिल

यह है इतना बेकरार।

पल पल भाव प्यार के

उठते उठसत मन में मीत

क्या होगी इस दिल की हालत

मिला नही गरमीत

आहट पड़ी सुनाई पीछे

मुड़कर मैने देखा

प्रियतम मेरा चपल भाव में कोई नही भुलेखा

झपट दौड़ हम लगे गले से

क्षण एक भूल जगह को

लोगों की नजरें हम पर थी
जैसे कहा न भटको
मिलने का स्वर्गिक संवेदन
पहल रहा था तन में
वही समर्पित भाव उठे थे
हम दोनो के मन में
कदम शिथिल थे मन शंकित था
पल पल भाव बदलते
प्यार दर्शन क्या ऐसा ही है
मन में तर्क उभरते
पहुँच गयी जब दौर और तो गहरी शंका जागी
नही दिखा मन मीत हमारा क्या है वह बैरागी
स्वप्न गया सब विखर
अश्रु निर्गत थे युगल नयन से
भीगा मन था भीगे पहलू

तन मन गहन दशन से
सुन्दरतम पर सुन्दर सपना
क्यो रहता न निरंतर
ऑंखे मुदी रसिक भावो से
रिड़ता तन मन सर्वर
क्या विधि ने यह पहल बनायी
हमे भ्रमित करने को
सब कुछ अति भावन लगता है
स्वप्न देश रहने को।

41. बाबुल दिवस

खिले पुष्प कुछ कलियॉ भी थी
गयी पिरोयी लड़ियों में
हरी पत्तियों के झुटपुट में
अंतिष्ठिता मिष्टियो में

प्यार भरे दिल स्नेहिल पग से
तरबर हरी बीथियों में
भाव उठे मन में अह्लादित
देख पटल गुलदस्ते को

बच्चों की दी पहल दीखती
गुलदस्ते के आवन की
पर पहले तो ऐसा न था
कभी मनस्थिति पावन की

इसी ध्यान में रहा विचारित
बच्चों का अह्वान करें
देकर वर आशीष प्रसारित

उनका हम प्रतिदान करें
इसी भाव से विचरित था मै
तब दर पर दस्तक आयी
बड़े पुत्र ने खुशी जतायी
मुखरित कर अमृत बाई
गुलदस्ता बड़ बेटी भेजी
आज दिवस है बाबुल का
भर आया मन प्यार बहुल था
दिल में भरा तुलातुल था
उठा विभोरित गले लगाया
अंक भर लिया बड़के को
धन्य धन्य मैं धन्य हो गया
पा ऐसी संततियो को

42. देव संस्कृति

देव भूमि संस्कृता अनन्त काल से चली
न पथ रूका ,न सच झुका
सुरम्यता फली भली,ये हिन्दवी की शान है
प्रसस्थ पथ बना रहे
समस्त जाति बंधनों से,हिन्दवी जुदा रहे।
नही कल कवच रहा
नही विलग की सोच थी
परम्परा मनुष्टा की,हर पहल विमोच थी।
आदि ग्रंथ वेद से ज्ञान बीथियॉ बही
पुराण विज्ञ तन्त्र में
विवेचना फलित रही।
विचार भिन्न भिन्न जीवन मूल्य सास्वत रहे
रही परख अदृश्य की समष्टि में रमे रहे
विमर्ष की पकड़ पहल अहर्निशी जुटे रहे
यही हमारी सोच थी इसी सरित तरित रहे

ऋषि मुनी पड़ाव थे ज्ञान के रिसाव थे
गहन ज्ञान क्षेत्र में अडिग सुदृढ़ पड़ाव थे
वेद व्यास याज्ञवल्क और वशिष्ट द्रोण भी
जनक बालमीकि संग सुश्रुत परासर भी
आर्यभट्ट बिदुर संग परशुराम चरक भी
पंचतत्व पतंजली औषधी निगत भली
देह दान में
दधीच हड्डिया कवच बनी
शंकर सरस्वती ज्ञान योग के
रामकृष्ण महावीर बुद्ध प्रवर्तक गुणी
व्याप्त रही कण कण में सात पुंज की लड़ी
इसे न खण्डित कर सकता है
कोई उद्यम मानव का
बहे निरंतर अश्रुत धारा
देव भूमि संस्कृति मनका

43. विश्व बंधुत्व

जन मानस मे हुआ जागरण
आया समय विहान का
देशबंधु से विश्वबंधु का नारा
हिन्दुस्तान का
सब हिताय से विकसित जनमन
अग्रिम चरण उठाने का
शान और विज्ञान प्रसारित
मानव हित सरसाने का
धर्म और राजनीति फूट की जड़
विस्तारित करने का
पौढ़े सब विकास प्रतिपादित
हर क्षण हर पल बढ़ने का
मन वांछित फल सबको मिलता
उद्यम संग निभाने का
जन विकास हो जग विकसित हो

44. ऐसा लगा

पलक कपाट बन्द रहने पर
दर्शन उनके होते है
निमिष कपाट पलक उठने पर
तुरंत अगोचर होते है
एहसासों की ख्वाबी दुनिया मे
रम रंगत आती है
अपना प्रिय अन्तरमन में ही
रह आभास दिलाती है
ऐसा लगता जनम जनम का है
गुढ़ हमारा नाता है
तुम क्या मुझसे रूठ गये हो
क्यों आभास दिलाते हो।
मै तो खोई रही ख्याब में
दुनियॉ मेरी महकी थी।
हर पहलू हर दिशा सवॅर
सुरभित मकरन्द वगरती थी।

45. बिकता है

ईमान   बिकता है,धर्म बिकता है
पूरा पूरा इन्सान बिकता है।
अस्पताल में मरीजो को धर्म बेचा
ट्राइवल्स को धर्म में लपटी सेवा बेचा
शिक्षा के नकाब से धर्म ज्ञान बेचा
ओर तो और धर्म दोस्ती का फरमान बेचा
फादर ने कन्फेशन का पैगाम बेचा
मौलवी ने काफिर की कत्ल का जश्न बेचा
पण्डित ने अपनी पण्डिताई का असबाव बेचा
पवित्र पड़ोसी को कफन बेचा
नेता को वोट बेचा,नारी का रूप बेचा
आश्वासनो का मरहम बेचा
मुफ्तखोरी का लहलहाता आयम बेचा
जन्नत में हुरो से मिलने का स्वप्न बेचा
अल्ला और ईश्वर के नाम पर
मानव कल्याण का अरमान बेचा

बेचा ही तो है, ले भागा तो नही

समय बिकता है पहचान बिकती है

और बिकता है हमारा वजूद

आत्मा आज के व्यवहार से बाहर है

सभी तो नेता गण, जनता को चरने में महार है

अखलाक की लिंचिंग का इश्तहार बेचा

नफरत की बाजार में.चमचमाता हथियार बेचा

भाई का रिश्ता बेचा, पिता का लिहाज

मां की ममता का दिया ना हिसाब

फरेब का सामान बेचा, बेचा, बेचा सरेआम बेचा

आंखे बन्द थी जेहन सुप्त थी

और भरी आत्मा के साथ इन्सान न था
                    क्योंकि

धर्म इमान और पार्थिव इन्सान बिका था।

46. सनातन संस्कृति

हिन्द विश्वास धर्म नही (मजहब नही)
विज्ञान है
सभी धर्म संस्थापक है
पर हिन्दु बिना प्रचारक
मोहम्मद ने इस्लाम बनाया
जीसस क्रिस्टियनटी
क्या ये नही बड़ी विसंगति
हिन्दू धरम मानने की
हिन्दु विन संस्थापक
क्योंकि हिन्दू धर्म (मजहब) नही है
है विज्ञान प्रवाहक
जैसे भौतिक ज्ञान रसायन
और
जीव वनस्पति ज्ञान
सम्यक एक विश्व के माथे नही
मढ़ा ये मान

ऐसे ही हिन्दु मानक का
बना चरम उत्थान
ना ये मजहब
ना ये फिरका
ना ये व्यक्ति प्रधान
ऋषि मुनियों के अथक तपस्या
मिश्रित रहा सनातन
गीता वेद पुराण आरण्यक से
मण्डित है यह धन
प्रिय बन्धु तुम समझ सको तो
समझो इसे
एक नही कोई संस्थापक
इसका यह है चरम विवेक

47. सर तन से जुदा

तन से गर्दन अलग करेंगे
कैसी नफरती   नारा है
कैसी मजहब सीख दयी
मानवता विलग किनारा है
		बॅटे रहे, हम यही वजह थी
		तेरी बॉछे खिलने की
अब हम एक तिरंगे नीचे
सॉसे वतन परस्ती की
बहुत हो गया, मजहबी नारा
अब बोलो जय भारत की
मातृभूमि यह हम सबकी है
अमन चैन से रहने की
बदलो अपनी नियत
बदलो मजहब की तलखी
सर तन से जुदा के नारो से

दषित न करो भारत धरती
गर खंग उठा ले हिन्द
जन ना जगह मिलेगी छिपने की
सोचो यह देश हमारा है
मिल जुल कर रहने बहने की
तुम चुने पाक जननी अपनी
फिर भारत भू क्यो न छोड़ा
गर यही रहन की व्खाइश थी
तो अपनी सोच बदल लो ना
देखो दुनिया में थू थू है
मजहब की
काटो सिर पूत परस्तो को
यह सोच
मजहब है हमारा सर्वोपरित
सर्वोपरित तंत्र हमारा है
प्राफेटी शान में गुस्ताखी
हमको ना कभी गवाएं है

पर सीख हमे भी लेनी है
सौहार्द नीति अपनाने की
अपने औरो का भेद न कर
मानवता हित सरसाने की।

48. चलते चलते

उसने देखा और हम बेहाल हो गये

वो शोख नजरे झुकी

हम निढाल हो गए

दिल में सरिता बही प्यार की

देखे शर्मसार हो गए

उनमें नज़रो में उपेक्षा थी

मिली तो बेजार हो गए

पर जाने क्यो कुछ सलिसिला बना

समय गुजरा और तार जुड़ते गए

दिल में अरमान जगे, फसाने बनते गए

आहत हो गए,हम उनको याद आने का

साथ संगी से ये कारण नजरे चुराने का

चले दो कदम साथ बढ़ने के लिए

क्या करते रास्ता जो बदल लिया

सोचा इतमिनान से भूल जॉए

हम निढाल हुए थे
जमाने में बहुधा ऐसे राहगीर मिलते है
लगता है कुछ सम्पर्क धागे खिंचे है
पर दिशा विलोम में तार टूट जाते है
समय गुजरा
हम गमगीन हो गए
जीवन में रंगत विहीन हो गए
रास्तो पर
अब नजरे झुकाए चलता हूँ
कोई मिले हसीना तो बिन बुलाए चलता हूँ
उसने क्या कर दिया
कि नजरे चुराये चलता हूँ
रिश्ता नही
रिश्ता दुराए चलता हूँ

49. परख ज़िंदगी की

जीवन की घड़िया निरन्तर नही हैं

रजिश में इनको खरचते नही हैं

प्रेम से पालो कर्मठता बढ़ा लो

खुशियो की रंगत अनवरत नही हैं

हास कभी है त्रास कभी हैं

जीवन घड़ी में उदास कड़ी भी हैं

समय के साथ बहने में

खुशी है पर विश्राम नही हैं

विकास में राहे बदलती हैं

कभी ऊंची तो कभी नीची चलती हैं

नयी बनती है पुरानी लचरती हैं

तभी तो विकास में उन्नति निखरती है

एक को जोड़ा अनेक को जोड़ो

संगत बनावो श्रम बढ़ावो

निरन्तर है जीवन परख जिन्दगी की

निरन्तर बनावो ,निरंतर बनावो

50. सहज सुख

मॉ की ममता पिता प्यार में

पनपा जीवन उपवन

ना ही कलुष ,विषाद कोई ना

जीवन सरल सुहावन

मॉ सुख क्षीर बहाती

पॉच जनों की इस संगति को

मॉ ही सरस बनाती

मॉ हाथो का अमृत पान

पथ जीवन सफल कराती

सदाचार सदभाव स्नेह ही

मॉ हमको दर्शाती

हर स्थिति में शान्त भाव ही

मॉ की गति बतलाती

जीवन में अमृत रस भरतीं

पिता पहल परिवार में रहते
और   पाठ पावन करके
पिता अंक में सिर धर के
रहे राह में विद्या संगति
ध्येय रहे सब जन हित का
ऐसी सोच हमे मिल पायी
शिक्षक ने समरसता लायी
ज्ञान कोश कुन्जी दे के
मात-पिता और शिक्षक से
पाथ मिला रश्मित करके

हम चलते है उसी डगर पर
कर्मठता आगे करके

51. मेरी कामना

वरदो वरदो वरदो महान
चिड़िया चहकती चमन में
हो ध्यान सबका अमन में
कर में मशाल हो ज्ञान की
हो रहगुजर इन्सान की
छोटा हूँ कहता बड़ी बात
मानो न कोई जात पात
सब भेदभाव से रहे पर
हिल मिल जीवन की राह धरे
ईश्वर की दुनिया अलग नही,
रहमत है उसकी गलत नही
हम हाथ जोड़ करते है ध्यान
हो हमसे सबका मान
ऐसा ही वरदो हे महान

52. साथ

साथी जो चले
साथ साथ छोड़ गये है
ऐसी वफा दिखायी
कि दिल तोड़ गये है
रंजिश नही थी कोई
न कोई गिला था
शिकवे हुए हजार
पर दिल न जला था
हाथो में हाथ डाले
हम जब भी साथ होते
खुलते कपाट दिल के
खुशियॉ समेट लेते
बंदिश नही थी कोई
न कोई राह कंटक
मिलने की आश हर पल

जाग्रित रही फलक पर

कमसीन थी बड़ी वो

हम फिदा हो गये थे

न जाति   न बंधन

न मजहब हम गोपे थे

अव्वा ने जब तुम्हारे

हमको तलब किया था

उनकी ही इनायतो से तो

ही तो हम *खाँ* थे

उनकी ही रजामन्दी से

प्यार गुल खिले थे

माना कि हम गये थे कुछ दूर

पर प्यार की तासीर में

जोश था न कमतर

हम गैर कौम है तो

पर गैर नही है
सीने में दिल धड़कता
वह दिल वही वही है
तोड़ो न इसको बरबस
मजहब का खोल ओढे
इन्सान हम है पहले
इन्सान ही रहेगे

मानी न एक अर्जी
मर्जी रही उसी की
हम रह गुजर रहे ना
वह साथ छोड़ चल दी
कुछ दिन कटे गलत में
रातो न नीद आयी
हावी रही फलक पर
उसकी ये बेरूखायी
ये लड किया है कातिल

बरबस ही खींचलाये
जाने न शान उनकी
फितरत भरी अदा में
करती है मार गहरी
लहरी दिखा दिखा के
यारो न भूल करना
उनकी वफा सुनाके

53. उद्बोधन

जोड़े जोड़े सबको जोड़े
अन्तरमन से विद्वेश हरें
कर कर निनाद सुख
सम्यवाद से निश्रित मन अनुराग भरे
दे मूल मंत्र एकाकर का
जनहित का ही संदेश गुने
ज्ञानध्यान उनम सर्जन से
आलोकित पथ अभियान चुने
सब देशो का हित संगम हो
भारत भू पर सब मंगल हो
जन हित में सब हित आ जाए
औ प्रकृति सजा भूमण्डल हो
जल थल अम्बर में विचर करे
हर जीव जान का मंजरे हो
ना रहे द्वेश का लेस कहीं

अतिरेक सर्वदा वंचित हो
क्या नही सोच है सब जन की
जीवन अपना सुख संचित हो
हर कार्य करे सुविधा शासित
ना क्लेश कही भी किन्चित हो
यह भाव कहाँ से उघृत हो क्या है
इसका भषित संगम
शिक्षा दिशा से ही होता
मानव मानवता का उद्गम
सह सर्जित कर विद विज्ञ केन्द्र
सुर सरस्वती आवाहन से
शिक्षा आयाम धनित होते
विद विज्ञ जनों के मंथन से
उठते सदभाव सघन बादल चंचला
धनित घन गर्जन से
विस्तार करे क्षण क्षण दिन दिन
सदभाव जनित अंतरमन से

54. सम्बन्ध

आशा थी जीवन की दहलीज पर
खड़ा ही खुशियों को पुकारूँगा
और ढ़ेर सारी दौड़ती मेरे पास आजायेंग
क्या पता था जीवन के बीहड़ वन में
खुशियाँ बुलाने से नहीं आती
आती है चलकर नही बनकर
बनाओ सम्बन्धो को, उनमें रस घोलो
समय की परख लाओ, और लाओ
मनोभावो के मापने की गहन शक्ति।
चाहत की अपेक्षाओं के बीच
सच्ची खुशियाँ विलीन हो जाती हैं
लाख प्रयत्न करो पर चाहत कटती नही
और घटती है खुशी दिनो दिन

जवानी की उमंग से लुढ़कती हुयी
बुढ़ापे की दहलीज पर दम तोड़ देती है।
खुशी को पुकारा था पर जीवन ने
दिया ढेर सारे तानो बानो के बीच
बेशुमार सम्बन्ध धागों से जकड़ी
मानव की परतंत्रता !

55. मेहमान

खट खट की आवाज
दौड गयी दरवाजे पास
खोला दरवाजा तो
सामने पाया खड़ा एक उदास
हसरत की नजरो से
परखता छरहरा नौजवान
जान न पहचान
कहता आप से दूर का रिश्ता है
कौन सा रिसता मै नही जानती
नही पहचाना आपने
मै आप की मामी के
बेटे की बहु का बड़ा भाई अनदेखे
मुन्ना के जन्मोत्सव पर हम मिले थे
और क्या बताऊ आपकी खातिरदारी पर
हम लट्टू हो गये थे

और आप ने मेरी खातिरदारी में
कसीदे भी कहे थे
अब तो आप मुझे पहचान गयी
अन्दर आऊ
या रिश्ते का कोई और सन्दर्भ बताऊ
और संदर्भ नही
मै पहचान गयीअब
तुम चलते बनो
या मै कुछ और चलता बनाऊ
नही मै अन्दर आता हुँ
गजब ढाते है आप
जब मै पहचान नही पायी
तो जबरदस्ती अन्दर क्यो आने दूँ
तो अब सुनो और गुनो
योही मै टेस्ट कर रहा था कि
आप कितनी चुस्त और
दुरूस्त है

अपेच्छा हर नारी से यही है
मै अनजाना हूँ
पर दिल का साफ और
मन का दीवाना हूँ
हो सके तो माफ कर देना
मै चला,परवाना हूँ।

56. पराधीनता में स्वाधीनता के कदम

आवो बच्चों तुम्हें सुनाये
देश भाग्य की लोरी
कैसी हिन्दवी सोच शून्य थी
सही दासता छोरी
भारत भाग्य दासता में थी
दीर्घकाल तक सोयी
कासिम, गजनी, गोरी मुहम्मद
सम्मुख अस्मत खोयी
फ्रेंच, आंग्लिक. पुर्तगीज से भी
हम रहे पराजित
दीर्घ दासता हमने झेली
जन मन रहे विभाजित
हर मानक में बिछड़ गये हम
दुर्दिन रहे असीम
खोये मान, सम्पदा खोयी

कैसे बने यतीम

इस्लामिक, आंगलिक राज में

हम थे दुर्दिन झेले

निज विकास वाँछित सुख साधन

सदियों तक न मेले

नही हवा सन सत्तावन में

बदली करी दिखायी

हवे अवतरित जन हित नायक

नारा भाई भाई

नाना साहब, मंगल पाण्डे रानी लक्ष्मीबाई

तात्या टोपे की गर्जन रणभेरी पड़ी सुनायी

अपने पौरुस जाग उठे थे

देश स्वतंत्र करावन

लक्ष्मीबाई सौर्य से

मंण्डित वर्ष है सन सत्तावन

मर्दानी लक्ष्मीबाई ने था वह सौर्य दिखाया

जिसकी गाथा इतिहासो में

स्वर्णिम अंक बनाया
पर हम एकल होके लड़े ना
सेना एक नहीं थी
ब्रिटिश सैन्य में हिन्दवी सैनिक
ने भी साथ नहीं दी
करे बगावत मातृभूमि हित
अस्त्र शस्त्र स्धाने
आंगलित सेनापतियों के सिर
बनते सही निशाने
पर हम में अपघातिक स्वर थे
स्वयं स्वार्थ को साधे
सर सैय्यद जैसे खलनायक
मुस्लिम हित कर आगे
अपने ही भाइन को रोका
दोगला भाव दिखाके
रही दासता हम पर भारी
कुंठित हमें बनाके

कुछ दसको तक धीमी पड़ गयी
स्वर स्वराज वतन की
फिर उन्नीस अस्सी के दशक में हुयी
अंकुरित पनपी
तिलक, गोखले, रानाडे ने
विगुल स्वराज बजाये
बाल, पाल और मोहन गाँधी
जम कर कदम बढ़ाये
एक स्वरो में सबने मिलकर
दिये देश को नारा
निज शासन स्वतंत्र देश का
है अधिकार हमारा
विवेक
आपसी कलह करन के चलते
आंगलिक सुख संचित थे
वीर मनस्वी नेता जन जय मानक
मन कुंण्ठित थे

गाँधी बापू अति चिंतित थे
पथ में गहरी खाई
हिन्दू मुस्लिम मर कट जायें
अंग्रेजों ने यह विषम नीति अपनायी
देश विभाजन की खल
साजिश का विष सरस बनाया
ईर्ष्या बैर भाव सरसाया
स्नेहिल पथ विखराया
एका भाव शक्ति वर्धन है
दो है शक्ति विभाजन
यही नीति ब्रिटिशर अपनाए
हारी शक्ति सनातन
देश विभाजन जिन्ना हित था
न हित मुस्लिन जन थे
राजाजी नेहरू पटेल व गाँधी
सब विकलित थे
पर जिन्ना की बाँछे खिलती

नीति सफल अपनायी
जिन्ना की फितरत को
कोई युक्ती काट न पायी
प्रजातंत्र की परख कसौटी
जन मत ज्ञान सकल की
मानक यही सहज करता है
सोच सघन जन मन की
करे विभाजन किस मानक पर
सफल नीति न सोची
किस किस को मनमाफिक होगी
देश विभाजन हित की
मुस्लिम बहुल क्षेत्र कुछ-कुछ थे
एकल दो हर कोने
किसको छोड़े किसको जोड़े
जन विभाजित होने
मुस्लिम जन मन क्या सोचे है
जान तभी पायेंगे

जनमत संग्रह सब जन का
जो सोचे पाक बनायेंगे
बहुधा मुस्लिम वोट किए (95%)
गिन गिन कर सभी घरों से
ना कोई छूटे न कोई टूटे
मिन्नत दिली करोंसे
हिम पात हुआ जब मत गणना का
अंक सामने आया
एक एक कर सब मुल्लों के वोट ने
पाक बनाया
मुहर लग गयी देश विभाजन की
उस कुल्सित सोच को
जिसकी डफली रहे बजाते
आंगालिक-जिन्ना देश को
हुआ विहान स्वतंत्र देश का
खूनी रंगत लेकर
लाखों कटे मिटे लाखों घर

अस्मत लुटी बिखर कर
किसकी स्वेच्छा किसकी नीति
पर देश स्वतंत्र हुआ था
उनकी स्थिति क्या भी वैसी
अब जो ध्वस्त हुआ था
लाखो रोये लाखो खोये
खोये हम बापू को
किसको कोसें किसको पूजें
दोषी सकल जनो को
नहीं स्वतंत्रता ऐसी वांछित
रही हमारे मन को
फिर हम आस्वस्त हो गये
ले खण्डित भारत भू को
आठ दशक से हम स्वतंत्र हैं
अब भी कुछ माग विशेष है
हिन्दू-मुस्लिम क्यों करते हैं
दाग अभी अवशेष है

57. प्यार परिधि

अरमान भरे दिल में, रंजिश कभी न पालो

दिल शीश ये, महल पर, पाषाण वय न डालो

किस सोच में हो खोये, क्यो साख कम हुयी है

उनसे खता हुयी क्या, उल्फत सिमर गयी है

मन में विकार क्यो है, जब दिल तड़प रहा है

हर सै पर उनकी रहमत, का ही तो जग बया है

क्यों दूरिया बढ़ी है, क्या राज है दिलो में

प्यार में समर्पण का, मंत्र ही मुखर है

औचित्य है न मान का, न बुद्धि की पहर है

दैवी विधान ऐसा है, प्यार की डगर में

हो पूर्ण जो समर्पण, स्वर्गिक पड़ाव मन में

अरमान मरे दिल में, रंजिश कभी न पालो

है प्यार नहीं पलता, अगर मगर में

58. जवानी

जिन्दगी राह में, जब जवानी मिली

नित नयी सोच, जेहन में आने लगी

सब हारा ,खुशनुमा देखने में लगा

ख्वाब ही ख्वाब, मन में रमने लगा

साथ संगत की चाहत, घनी बन गयी

कदम बढ़ गए, राह चौरस बनी

हर फिजा हर समा है, लुभावनी बनी

तेज वाहन सरिस, जिन्दगी चल पड़ी

करे कुछ नया मार्ग नूतन गढ़े

रहे मार्ग दर्शित न भ्रम में पड़े

करें कुछ नया कुछ सबक लें नया

भरी हो उमंगो से दिल की बयाँ

चढ़े चाँद पर नित हवा में उड़े

तोड़ बंदिशो की कवच काल को

न झुके न रुके छू गगन भाल को

हर पहल में यही भाव रिड़ता रहा

कदम न रुके अन्तरमन ने कहा
साथ लगता भला यार का रंग हो
परस्पर की प्रतिभा न कहीं भंग हो
कुछ कहने या करने का जब मन हुआ
संग साथी चुना राह पर चल दिया
किसी ने कहा धर्म ही मान है
किसी ने कहा कर्म ही सान है
संगम बना धर्म व ज्ञान का
चुने हम सुगम जिंदगी राह का
इन्ही सब विकल्पों में राहे बनी
जवानी में ऊँची मिसालें चढ़ी
लगे हम दिलोजन से राह पर
खुशी जिन्दगी की है इस राह पर
जवानी की दस्तक पड़ी
जब जिन्दगी की दहलीज पर
खुल गए अरमान के सारे के सारे
पिटारे राह पर

59. उच्छावास

सघन कुंज छाया सुखद
शीतल मंद समीर
आ बैठो कुछ पल यहाँ
साजन मेरे वीर

खड़े खड़े मन मारकर
क्यो करते छल प्रीति
सहज भाव दर्शित नही
ये है कैसी रीति

पुलकित तन है मन में रंगत
संग सजन की चाह
बहती पावन पवन पक्ष में
नही विलग है राह

यह बेला है अमिथ पान की
मंद पवन के संग
सुरभित मनहर समा

यहाँ की भरती हृदय उमंग
देखो लता चढ़ी डाल पर
झूल रही निशिवासर
प्रेम प्रगाढ़ जाता दर्शाती
प्रिय को गले लगाकर
पर देखो तितली भौंरे को
गहन प्रेम दर्शाते
फूल फूल रस पायन करते
साथ संग ना रहते
ठीक नही है रीति भ्रमर की
तितली भी है ऐसी
मन को एसी प्रीति न भाती
तितली भौरों जैसी
आ बैठो सट साथ यहाँ की
मद हवा है मादक
दूर दूर रह दिल झुठलाते
क्यों बनते हो साधक

60. सपने

ख्याब की जिंदगी में अगर बहना है
तो हम चले उस राह पर जहॉं रात हो
दिवा स्वप्न भी तो आते है
फिर क्या
सपनों के महल में परियों की परिकल्पना
एक वितान के नीचे धरातल की संरचना
नदी की बाढ़ में नौका बह गयी
किनारे नही लगी   ।
हम किनारे मदद की गुहार लगाते रहे।
रास्ते ढूढ़ रहे थे
पर पाव की पकड़ नही थी।
उड़े आसमान में पर पांव जमीन पर थे।
कैसा उटपटांग है ये स्वप्न
कैसा है ये तार जो सपने में जुड़ता है
पर ऑख खुलते ही विलग हो जाता है
सपने देखना चाहिये

बापू ने
अखण्ड भारत का स्वतंत्र भारत का
 सपना नेता जी ने भी वही देखा था
पर दोनो की उड़ान अलग थी
दोनो व्यग्र थे।
पर जैसा सपना देखा था वैसा हुआ नही
सपना हकीकत में कहा उतरता है
सपने में हम बिन पंख के उड़ते है
हकीकत में तबदील करने के लिये
समिधा चाहिये
समिधा मिलती है
तभी तो कहते है
सपने करो साकार
जोड़ो हकीकत के तार
और सामर्थ की पकड़ से
उन्हे जमीन पर लावो और सच करों

61. सनातन

शक्ति पूजों भक्ति पूजों
पूजों धर्म सनातन
प्रकृति प्रबोधक जन मन बोधक
काल जयी व पुरातन
सहज परिधि है ना कोई बन्धन
अवरोधक ना मनका
जो जैसा देखा व सोचा किया
वही निज तन का
बनी भरत से भारत संज्ञा
बढ़ा देश का मान
शत शत विज्ञ देव ऋषियों से
बढ़ा हमारा ज्ञान
विश्वामित्र विदेह पतंजलि
वैद्य सुखेन समान
सुश्रुत चरक वसिष्ठ द्रोण गुरू

देव भारत भूमि   आन
बालमीकि अत्री अनुसुया
परसुराम का मान
गीता ज्ञान प्रवाहित भू पर
वेद व्यास गुणगान

सकल ज्ञान उद्बोधन धन
बल निश्रित हुआ अवाध
जन हित सकल पाथ अवलोकित
सत्य समर्पित प्राण

रहा प्रवाहित सत्य सनातन
रूका न इसका वेग
वसुधा एक कुटुम्ब मानकर
दिया कुशल संदेश

खिलजी तुगलक मुगल शासकों
के कुचक्र को झेला
आंग्ल देश के धवल शासको
के शिक्षण का खेला

राम रचे पुरूषोत्तम मानक
कृष्ण सुनाए गीता
  इनके शुभ वादन से ही है
भारत भूमि पुनीता
  आदि अन्त है नही प्रदर्शित
धर्म सनातन लेखे
  अन्तस खोल परख समझो
तो कुछ भी ना अनदेखे
  करो प्रसारित परम भाव से
प्रकृति प्रदत्त सनातन
  जीवन मरण वरण ना बस में
बस में जीवन अर्पण
  पूजा पद्धति अर्चन वादन
बने हमारे टेक
  वाह्य आवरण ही ये सब है
अंतः करण विवेक

62. दीपोत्सव

मन में उठा मल्हार

आज है हमारा प्यारा दीपोत्सव त्योहार

हाट वाट सब सधे गढ़े है,

ग्राहक की मनुहार

धन की वर्षा धनतेरस को

विविध रंग उपहार

आज है हमारा प्यारा दीपोत्सव त्योहार

सोने चाँदी के पहलू में

खुलते मन के द्वार

पुरजन संग खुशी बाँटन में

हृदय प्रफुल्लित प्यार

आज है हमारा प्यारा दीपोत्सव त्योहार जगमग

जगमग दीप जल रहे

फैलावन प्रकाश

प्रेम परिधि में बँधी पवन है

नही गमन की आस

आज है हमारा प्यारा दीपोत्सव त्योहार

बच्चों का मन पहल कर रहा

क्रैकर संग विचार

बम पटाका और फूलझड़ी

के हैं रंग हज़ार

आज है हमारा प्यारा दीपोत्सव त्योहार

मनभावन समा बंधी है, झिलमिल दीप विलास

नव जीवन सुख संचित होवे, जनमानस की आस

जीवन अंधकार छँट जाए

छँट जाए मज़हब मध्य विवाद

जाति पाँति का भेद मिटा दो

मिटे हृदय अवसाद

भर दो खुशियों से हर द्वार

स्नेह दीप से ही जलता है

बाढ़े से बढ़े प्रकाश

दीप की सीख यही है यार

स्नेह से खुलते बंद कपाट
स्नेह से भर दो हर घर द्वार
बढ़े आत्मीय जनों का प्यार
अमन में जीवन का है सार
रहे ना जीवन में मन मार

63. घटित

उसके चितवन की मादकता है
लहर लहर मन में पौढ़ा
मै मस्त हुआ दौड़ा दौड़ा
     रूख बदल बदल मनहर बनती
     धड़कन दिल की बढ़ती बढ़ती
उसके नित नित नव वादों से
एहसास मरे उदगारो से
तन विह्वल मन चंचल होता
अरमान जगे मन रंग पगे
जब हाथ मिला उनका मन था
था उष्म परम हलका हलका
     मन में हरसरत सौ भाव भरे
     सोचे सोचे कुछ करने को
     तो मान और सम्मान अड़े
फिर भी कर यतन जतन से दिल थामा

उसके इंगित का बल आंका
पुरजोर बदन को कर आगे
भर लिया अंक में स्वर साधे
जैसे हम संगी युग के थे
मिलते मिलते मिलते रहते
    अब नही अलग की बात कोई
    फिर मिलते है कह बात गयी
दस दिन मै रहा दिलासे में
मद भरे चितवन की आशे में
    ग्यारवे दिन दिल मचल गया
    फिर मिलने का अरमान जगा
लाघव से कर संयत मन को
चल पड़ा मिलन सजनी घर को
    हर कदम तेज लाघव उठते
    दिल में आशा अरमा घिरते
हम बढ़े अभी कुछ आगे थे
दिल में अरमा को साधे थे

पर दिखा रंग आगे ऐसा
सब भाव हुये खण्डित जैसा
तन सन्न हुआ वह सीन देख
गलवाहे डाले उसे लेख
सज्जन एक रंगत वाले थे
गले में फॅसे निवाले थे
सट साथ चल रहे थे ऐसे
फूलों से मिले भौंरो जैसे
बाहर जो दिखता है जैसा
क्या अन्दर हो सकता ऐसा
आशा और नित्य निराशा विच
जीवन सिंचति रहता नित नित
प्यार वह एहसास है जिसे भुलाया न जा सका
लाख कोशिशे की पर उसे बुलाया न जा सका।

64. पहली रात

थे सपने सँजोये मिलन रात की

ना पता न खबर थी सजन चाह की

कैसे उनसे मिलें कैसे जाने उन्हे

बात मन में रही थे अनभिज्ञ बने

थी उठती लहर तैरती तक किनारे

नही बात निकली हृदय से हमारे

न पहले कभी हम मिले न खिले थे

कहा माँ पिता ने वही हम किए थे

न देखे न सोचे न समझे इन्हे थे

सहज नाम से और फोटो मिले थे

तन में झिझक मन में रंगत न आयी

समस्या कठिन दिल को बरवस मनाई

सिहर के उठी पाँव आहट जो पाई

बढ़ाया कदम पास चौखट के आयी

सहज हाथ पकड़े बोले सहमो न ऐसे

दम्पति है हम क्यो दूरी है हमसे

लगो अब गले दिल को राहत मिलेगी

धक धक दिलो की घटेगी

सहज कुछ हुयी सिर को ऊपर उठाया

मिली चार आँखे खुला अंक पाया

सफल हो गया मैं सहज देख इनको

लगाया गले छोड़ सारे भरम को

सम्बन्धो का सच बन्धन है

पति-पत्नी का सुख चन्दन है

दो जान एक हो जाते है

सहभागिन धरम निभाते है

जीवन के सुख दुख की संगति

परिजन के संग सजाते है

इन भावो का दामन धरके

हम दम्पति है पावन मन के

ये मिलन रात पहली तो है

दो जान एक तन धोतक है

हम गहन प्रेम के साथी है
जीवन दीपक के बाती है
जब तक यह प्रेम तरल होगा
प्रस्फुटित प्रकाश निरत होगा

65. संयोग

मन चंचल है तन विहवल है
चमन गोद में आज
ना को बाधक ना को बन्धन
समा हमारे साथ
कितनी सुन्दर कितनी मनहर
छटा गहन मतवाली
मन कहता है सुनो हृदय की
धक धक बीट निराली
साधक बनना प्रेम पास के सही सखा के साथ
सघन प्रेम जीवन संचित है युगल प्रेम की पास
शान्त हो रहा है वन प्रांगण चंचल मंद पवन
कोई अब ना आहट आयी दिल धड़कन फड़कन
शान्त हृदय विश्वास घना है हम दो एक बने हैं
युगल मिलन भाषित होता है
शास्वत प्रकृत नियम से

66. मानव मन

कब कहां सभी कुछ नीका था
सतयुग त्रेता, द्वापर कलियुग में भी तो
मानव मन देखो जैसा अब है वैसा ही था
मानव मन की संरचना में
क्या प्रकृति नियम में अन्तर है
गत काल में था कुछ अलग अलग
इस काल में क्या सम्बर्धन है।
मानव मन जैसा तब विकसित
वह आज वही पर संचित
है वृत्तिया वही संवेग वही
संरचना भिन्न न किंचित है।
स्वारथ रत जन गत काल में थे
सदभाव परस्पर घटे बढ़े थे
इस काल में ना कोई अन्तर
मानवी प्रकृति ना नया गढ़े थे
कलियुग की साख जो हम देते

हर नीति रीति की चर्चा पर
मानो तब सब कुछ बेहतर था
सतयुग की काल प्रसंसा कर
जो घटित हो रहा दिन प्रतिदिन
अतिक्रमण दमन मानक बनकर
क्या अन्तर तब और अब में है
मानव मन के संवेग सफर।
कलुषित, कुण्ठित, वंचक, बंचित
तो रहे सभी युग कालो में
क्या अब संवेग है परिवर्तित
आचरण शुद्ध अपनाने में
मानव मन तब भी दंशित था
मानव मन अब भी कुत्सित है
देवत्व प्राप्त तब कुछ को था
देवत्व प्राप्त अब भी कुछ को है
पर स्वयं समर्पित होने में
ही मानव मानक की गति है
प्राकृतिक विद्या अब भी वैसी

सतयुग त्रेता, द्वापर जैसी
कामी, लोभी, लम्पट कराल
मानव मानक में तब भी थे
साधू, सज्जन जन जन सेवक
है आज और वे तब भी थे
अच्छा कुछ करने बनने में
मानव समाज ही पालक है
है सुलभ सुगम संगत सबको
पर नियमन में दुसवारी है
नित खोज नयी होती रहती
उपयोग स्वार्थ हित जारी है
तप जाप भजन कीर्तन गायन
गत काल में मानव था करता
नित नये तर्क साधक मन से
इस काल में भी बगराता है
तो भिन्न कहा मन प्रकृति आज
साधक मन यही बताता है
कुछ यदि विशेष उपकरण आज

उपलब्ध मनस्थिति बदलन की
विज्ञानं ज्ञान की परिधि बढ़ा
मानव मन के संवर्धन की
कुत्सित विचार संवेग हटे
हर जाल तंत्र सब विघटन की
ऐसे विधान ऐसी ही सोच
पहले भी थे और अब भी है
औ मानव मन की संरचना
जैसे तब थी वैसी अब है
रावण, दुर्योधन, जरासंध
जैसे करील उस युग में थे
हिटलर, अतीक, सद्दाम सहित
बिनलादिन से इस युग में भी रहे
यह चक्र बराबर चलता है
तबदील नहीं कुछ दिखा आज
मानव मन की संरचना में
जो तब था वह ही आज

67. शैशव

ईश्वर से वरदान मिली है
हम है उनके जाया
माँ की ममता मोल नहीं है
पिता पेड़ की छाया
माँ लोरी संगीत सरस थी
मनभावन अति पावन
ना विषाद की छाया कोई
हर पल सुख का सावन
अमियपान से रुचिकर होता
माँ के हाथ निवाला
पिता पहल में तन मन हर्षित
ही रहता मतवाला
कंधे सिंहासन पर बैठे
लिये हाथ दो थामे
लगा गगन में हम पक्षी है

उड़ते रहे हवा में
सबका स्नेह हमी पर रहता
हम थे सबको प्यारे
जो चाहे झट पट मिल जाता
सब था न्यारे न्यारे
नही ज्ञान था नही मान था
नहीं कमी कुछ गोये
लोट पोट निही संग संगत
करत रहे बिन रोये
किस्से और कहानी से भी
हमें भुलावा मिलता
बार बार उनको ही सुनने
से था पेट न भरता
कुत्ता बिल्ली बन्दर कौआ
गीदड़ लोमड़ी भामी
के किस्से अति रोचक लगते
बार बार हम हामी

रोना अस्त्र विशेष हमारा
हँसना है मन भावक
हमरे रोने हँसने से ही
माता-पिता हैं धावत
शैशवपन   जीवन वैभव है
सभी जतन से पोसो
माता पिता के हम शावक है
जीवन रंग भरोसो

68. जन सेवक

सुनिये हम कथा सुनाते है,
रोचक है दिल बहलाते है
जब चले चुनावी हवा
सभी नेता जनता को रिझाते है
पानी पुस्तक पोषण प्रसून
रोशनी बाटने वाले हैं
कृषकों का कर्जा भी
माफी के मद में करने वाले है
पानी जो पूरा नहीं पड़ा
ये नदी भी लाने वाले हैं
यदि स्वर्ग कामना करते हो
तो स्वर्ग बनाने वाले है
भाई चारे का सबक
सिखा जनता को ये बहलाएँगे
सुन्दरतम से सुन्दर होगा

नारा बुलन्द करवायेंगे
हर पल हर छण जन सेवा का
हर भाव सजल सरसायेंगे
जनता तो इनकी कायल है
जनता को ही भरमायेंगे
पर जनसेवा एक बहाना है
धन संचय का अफसाना है
कर बद्ध आरजू है इनकी
संसद में इनको जाना है
है कवल बद्ध जनहित खातिर
सारे कुचक्र अपनायेंगे
तुम्हरे हमरे के बीच
यही स्वर्णिम संदेश सुनायेंगे
है धवल वस्त्र धारी
करतब से
अन्दर काले काले हैं
पर जन सम्मुख ये शुद्ध शहद वाणी

से भरे रिसाले है

आस्वासन है सीमा विहीन

वादों की बाजार है गरम

जब बहे चुनावी हवा,

हवा में उड़ता है इनका परचम

इनकी काली करतूतों का

अन्जाम न होने वाला है

जब तक ना हम तुम समझ सके

इनका करतब ही काला है

है यह संदेश सुनो अपना छोड़ो

हित साधन का सपना

समझो बूझो जन को आँको

निज संघ सदस्यों में भाखो

आगे पीछे जन को देखो

निःस्वार्थ सजग जन को लेखो

फिर चुनो उसे जो खरा रहा

छिन छिन पल पल जो साथ रहा

वह हित सबका सरसायेगा

जन जीवन सुखद बनायेगा

----

69. सन्देश

अनादि काल से चले

अनन्त काल में बढ़े

कोई न क्षेत्र शेष है

जहाँ न हम नया गढ़े

विज्ञान ज्ञान की परख सबल हमें बना गयी

नित नवीन खोज से ज्ञान कोष भर रही

गगन अनन्त मेघ है समुद्र तल अमेध ना

समृद्धि सुख की खोज

अनन्त हीन ही है क्यों बना

प्रकृति परोक्ष रूप से हमारी प्रताड़ित रही

अमद्र मूक भाव से हमें गुहारती रही

न कर वही जो कृत्य

ना हो कृत किसी विषाद का

प्रकृति परस्त बन गए तो

मान है विहान का

अतः
हर पहल में हित हो मानव की
यह सोच सर्वदा घातक है
संपदा प्रकृति की बनी रही
इससे ही मानव का हित है
क्या नही ज्ञात है
पिघल रहा हिमखंड ग्लेशियर जहाँ तहाँ
ऋतुओं में भी परिवर्तन है
अतिवर्षा अतिऊष्मा की हवा
गत काल में दंशित
जो हम पे क्या
अब वंचित रह पाएंगे
यदि प्रकृति सम्पदा का दोहन अतिक्रमण
नहीं रुक जाएंगे

70. विविधता

अनगिन भाषाएँ औ बोली से
ये भरा चमन है
विविध विविधता ख़ान पान से
भी तो यहाँ अमन है
रूप रंग में भी है विविधता
भाव भेष ना एक है
रहन सहन औ मद मकान भी
रंगत भरे अनेक है
भाव भंगिसा गायन वादन में भी
अलग विधान है
खेत खलिहानों की पद्धति भी
मिलती नहीं समान है
हर्षोल्लास भरा जीवन है
पर विधियां सब भिन्न है
कहीं कथक है भरत नाट्य तो कहीं

कुचिपुड़ी साख है
मोहिनियट्टम , कथाकली तो कहीं
विदेशिया रास है
भंगड़ा, घूमर और बीहू भी
नाच गान के राग है
वायु वरन और प्रकृति छटा का भी
अति भिन्न बितान है
नहीं एक सा कुछ दिखता है
सभी विधा में अनेक हैं
एक विधा हममें ऐसी है
जिसमें हम सब एक हैं
जिसका नाम सनातन संस्कृति
सब जन का यह बोध है
एक छोर से सुदूर छोर तक
इसके सूत्र पिरोए हैं
भाई भाई हम सब भाई
हम सब भारत जोये हैं
भारत भूमि मात है

अपनी पूजा सूत्र पिरोए हैं
करो वन्दना इस विविधा की ये
मम भू की नाज़ है
मन भावन विकरित किरणों से
भासित भारत भाग है
सब जन हिताय सब मन हिताय
शासन का तंत्र अपरिमित हैं
विश्वास बढ़ा जन जन जोड़ो
स्वर्णिम प्रकाश परिलक्षित है
भारत मात भव्य भाषित है
विश्व पटल पर छाया है
हो संकल्पित क़दम बढ़ावो
स्वर्णिम अवसर आया है
विविध विविधता का संगम
यह भारत भूमी न्यारी है
इसके ही दामन में
हम शावक सहचारी हैं

71. मधुवन प्रवाह

(आव् रोड में स्थित ब्रह्माकुमारी संस्थान)

बाबा की संगति सहज सरल

है विश्व शांति की वाहक

हर पहल साधना चिन्तन में

मानव कल्याण प्रवाहक

जन जन जोड़े अंतर खोले

औचित्व सुचित्व बढ़ाती है

अन्तरमन विलय आत्मा से

स्वर्गिक आनन्द कराती है

मम प्रजापिता बाबा है परम

है परम राह दर्शाते

उनकी ही दिव्य दृष्टि से हम

जन जन में प्रेम बढ़ाते

है सहचारित बाबा संगति

संगति में ही सबका सुख है

जैसी संगति वैसी ही गति
नाही ये सत्य विवादित है
है धवल वस्त्र शांति द्योतक
हर सेवक का परिधान बना
जन सेवक जन हर मन पावन
जन जीवन का कल्याण गुना
सौहार्द योग चिन्तन ज्ञापन
हर दिल का है आमरण बना
बन्धन ना यहाँ शान्ति वन में
विचरण है मधुमय घना घना
इर्षा, द्वेश कलह से वर्जित
मधुवन प्रेम प्रवाहित है
हर पहलू में अन्तरमन में
जन सेवा व्यावहारित है
परम पिता ब्रह्मा बाबा का
यहाँ प्रेम प्रतिपादित है
उनके पावन चरण शरण में

अमियपान दर्शन हित है
शत शत नमन कमल चरणों में
नयन बिछाये हम शावक
बाबा संगति सहज सरल है
विश्व शान्ति की है वाहक

72. संगति

संगति जीवन का अहम मूल्य
और सामर्थ बढ़ाती है
सद्भाव घनत्व बढ़ा देती
और परिवेश सुचित्व कराती
यश अपयश चक्र चला करता
सामान्य परस्पर कर्मों में
किसकी संगति किसको मिलती
जीवन का मर्म समझने में
जब घात और प्रतिघात बढ़े
स्वारथ निष्पादन के हित में
सम्बंधों में खींचा तानी
से टूटे तार परस्पर के
सद्भाव स्नेह आपसी पहल
से जीवन सरस पनापता है
विद्वेश कलह किंचित पल में

संगति का मान बिखरता है
दुर्योधन की संगति देखो
देखो रावण की संगति भी
विद्वेश कलह इप्सा रण में
ना मिला सुयोग अमिप्सित भी
कृष्ण अर्जुन की संगति में
सदभाव जनित आकर्षण था
जिनके मन भावन गीत गान
में जीवन का हित दर्शन था
आलोक पाथ आलोकित कर
गीता का ज्ञान बगारा है
हो आज वही संगति में तो
पूरित उद्देश्य हमारा है
संगति में आज निरापद ना
देशो के बीच परस्पर की
या चीन कहो या कहो हिन्द
युक्रेन कहे या रसिया भी
यू० के०, यु०एस०ए०, फ्रांस सहित

जो संगति इनकी बनी रही
अपना वर्चस्व बढ़ाने में
संतति आयुध की झड़ी रही
संगति को जो पहचाने जन
संगति में ही सबका हित है
संगति सेसंगति को जोड़ों
वर्चस्व बढ़ाने में हित ना
कितने आयाम गाढ़े हमने
पर शान्ति व्यवस्था बनी नहीं
संगति निःस्वार्थ नहीं है तो
कल्याण मार्ग ना दिखा कहीं
संयुक्त राष्ट्र में संगति है
पर वीटो की स्थिति क्यों है
संगति में छोटा बड़ा नहीं
यह सबसे बड़ी विसंगति है
निज निज साधन यदि सम्मुख हो
तो संगति नियम अगोचर है
छोटा या बड़ा कहाने में

संगति का नहीं विमोचन है
संगति का सार सहज जाने
इतिहास यही दर्शाता है
सहचर संगति का भागी जो
जीवन पर्यन्त निभाता है

73. प्रेमान्तराल

आवन कह गये पावन दिल से
आये नही सँवरिया
मन में चुभती हूक उठी है
सावन घिरी बदरिया
पल पल छिन छिन एहसासों में
बीते निशि वासरिया
बसे पलक में निमिष न खोल
अन्तरमन रहते है
हृदय विदारित अरमानो के
दाह गगन सहते है
हर प्रयास उल्लास विलग हो
रिड़ते ही रहते है
रहे बाट जोहत ये नैना
क्यो साजन रुसवायी
वासर ढले पड़े सैया पर

नैना नींद न आयी
मुंदे नयन पर तैरत रहती
साजन की परछाई
पाती लिखत वनत नही अपनो
सूख गयी असनायी
हमरे सजन मरम न जाने
प्यार जनित गहरायी
थामे डूब मरन ना माफिक
तैर किनारे लागो
छोड़ तोड़ ये बन्धन सारे
पिय संग जीवन साधो
प्रियतम दूर नही सुन सजनी
साँसो में तुम बाँधो
मीरा साँधी मगन हो गयी
तुलसी मीर कबीर
साजन साधक प्रेम प्यासा
रग रग रचा शरीर

प्रेम महल में मंद प्रवाहित
सुरभित मद समीर
यह शरीर पिंजर जीवन का
आशा ठौर बँधाया
जिनको समझो है तू अपना
अपना नही पराया
उस अगाध चिर शान्त पहल में
चिदानन्द सरसाया
आवन कह गया पावन दिल से
आया नहीं सँवरिया
जोहत जोहत साँसे ठहरी
ओढ़े प्रेम चदरिया

74. विकल्प

गद्दारी बाजार गरम है
गढ़ के कोने कोने में
ज्ञान बाँटने से क्या होता
क्या है सोच ठिकाने में
कुचल पाँव तल मर्दन कर दो
इनके छद्म इरादो को
रहे बाँस न बजे बाँसुरी छाए
इन मरदूदों को
जहाँ जहाँ इनकी मादे है
खोज निकालो बिल में से
ध्वस्त करो इनको
जन कलुष मिटे जन जीवन से
अपनी ऐसी सोच नहीं
जो देश धरम को त्यागे हम
भात्र भाव ही सरसा करता

सहज भाव से रहते हम
इनकी सोच पोच ही
जानो किया न कोई सम्वर्धन
हर पल रिड़ता मन में
इनके विध्वंसक कीड़ों के कन
उरहास करो न द्वेश करो
ना करो क्लेश तन मन का
छोड़ो छोड़ो इनको छोड़ो
जोड़ो जोड़ो सच मनका
जन जन सतर्क हो जायें
हित देश मनो में छाये
शासन का सच पहचानो
कर द्वेश कलह ना पालो
कुछ तंत्र स्वतंत्र बने है
भारत माता छाती पर
जिनका कुंतल बढ़ बढ़ कर भारी है
जन जीवन पर

शासन सशक्त नियमों से
ये बचे न बचने पाये
इनके जो छद्म ठिकाने
टिकने न टिकने पाये
जो गंध गंदगी फैली
उसको समूल जलवाएँ
जन जन तन मन संकल्पित
सब भाव यही दर्शाए
हम एक ही माँ के वंशज
पावन जीवन अपनाएँ

75. चलो चमन की ओर

समा मिलन की है बनी

चलो चमन की ओर

महक गमक उद्यान में

फैली है चहुँ ओर चांदनी

उपवन की महक, मिलने की ललक

क्यो दिल को छू लेती है,

चंचल मन कर देती है

भर कदम कनक, पायल की छनक

मन गया सनक, क्यो घायल कर देती है,

सुख चैन ही हर लेती है

सरसिज आनन, कर अभिवादन

मंगल दामन
चन्दन दिल कर देती है,
अनवरत प्यार भरती है
सुन्दर मनहर
पल लहर लहर
मुखरित हर पल
क्यो शंका कुल करती है,
मन भाव सघन भरती है
छोड़ो न संग
मधुमय अनंग
खिल खिला रंग
मन भावन ही लगती है,
दिलवर दिल छू लेती है
दिल छू लेती है चहक महक
विखरित रहती चहुँ ओर
मन भावन है सुख सावन है
आ चलो चमन की ओर